中华人民共和国国家安全法
公民举报危害国家安全行为奖励办法

中国法制出版社

中华人民共和国国家安全法
公民举报危害国家安全行为奖励办法
ZHONGHUA RENMIN GONGHEGUO GUOJIA ANQUANFA
GONGMIN JUBAO WEIHAI GUOJIA ANQUAN XINGWEI JIANGLI BANFA

经销/新华书店
印刷/北京海纳百川印刷有限公司
开本/850 毫米×1168 毫米　32 开　　印张/1　字数/12 千
版次/2022 年 8 月第 1 版　　2022 年 9 月第 2 次印刷

中国法制出版社出版
书号 ISBN 978-7-5216-2770-1　　定价：6.00 元

北京市西城区西便门西里甲 16 号西便门办公区
邮政编码：100053　　传真：010-63141600
网址：http：//www.zgfzs.com　　编辑部电话：010-63141673
市场营销部电话：010-63141612　　印务部电话：010-63141606

目　录

中华人民共和国国家安全法

（2015年7月1日第十二届全国人民代表大会常务委员会第十五次会议通过　2015年7月1日中华人民共和国主席令第29号公布　自公布之日起施行）

目　　录

第一章　总　　则

第一条　为了维护国家安全，保卫人民民主专政的政权和中国特色社会主义制度，保护人民的根本利益，保障改革开放和社会主义现代化建设的顺利进行，实现中华民族伟大复兴，根据宪法，制定本法。

第二条　国家安全是指国家政权、主权、统一和领土完整、人民福祉、经济社会可持续发展和国家其他重大利益相对处于没有危险和不受内外威胁的状态，以及保障持续安全状态的能力。

第三条　国家安全工作应当坚持总体国家安全观，以人民安全为宗旨，以政治安全为根本，以经济安全为基础，以军事、文化、社会安全为保障，以促进国际安全为依托，维护各领域国家安全，构建国家安全体系，走中国特色国家安全道路。

第四条　坚持中国共产党对国家安全工作的领导，建立集中统一、高效权威的国家安全领导体制。

第五条　中央国家安全领导机构负责国家安全工

作的决策和议事协调，研究制定、指导实施国家安全战略和有关重大方针政策，统筹协调国家安全重大事项和重要工作，推动国家安全法治建设。

第六条 国家制定并不断完善国家安全战略，全面评估国际、国内安全形势，明确国家安全战略的指导方针、中长期目标、重点领域的国家安全政策、工作任务和措施。

第七条 维护国家安全，应当遵守宪法和法律，坚持社会主义法治原则，尊重和保障人权，依法保护公民的权利和自由。

第八条 维护国家安全，应当与经济社会发展相协调。

国家安全工作应当统筹内部安全和外部安全、国土安全和国民安全、传统安全和非传统安全、自身安全和共同安全。

第九条 维护国家安全，应当坚持预防为主、标本兼治，专门工作与群众路线相结合，充分发挥专门机关和其他有关机关维护国家安全的职能作用，广泛动员公民和组织，防范、制止和依法惩治危害国家安全的行为。

第十条 维护国家安全，应当坚持互信、互利、平等、协作，积极同外国政府和国际组织开展安全交流合作，履行国际安全义务，促进共同安全，维护世界和平。

第十一条 中华人民共和国公民、一切国家机关和武装力量、各政党和各人民团体、企业事业组织和其他社会组织，都有维护国家安全的责任和义务。

中国的主权和领土完整不容侵犯和分割。维护国家主权、统一和领土完整是包括港澳同胞和台湾同胞在内的全中国人民的共同义务。

第十二条 国家对在维护国家安全工作中作出突出贡献的个人和组织给予表彰和奖励。

第十三条 国家机关工作人员在国家安全工作和涉及国家安全活动中，滥用职权、玩忽职守、徇私舞弊的，依法追究法律责任。

任何个人和组织违反本法和有关法律，不履行维护国家安全义务或者从事危害国家安全活动的，依法追究法律责任。

第十四条 每年4月15日为全民国家安全教育日。

第二章 维护国家安全的任务

第十五条 国家坚持中国共产党的领导，维护中国特色社会主义制度，发展社会主义民主政治，健全社会主义法治，强化权力运行制约和监督机制，保障人民当家作主的各项权利。

国家防范、制止和依法惩治任何叛国、分裂国家、煽动叛乱、颠覆或者煽动颠覆人民民主专政政权的行为；防范、制止和依法惩治窃取、泄露国家秘密等危害国家安全的行为；防范、制止和依法惩治境外势力的渗透、破坏、颠覆、分裂活动。

第十六条 国家维护和发展最广大人民的根本利益，保卫人民安全，创造良好生存发展条件和安定工作生活环境，保障公民的生命财产安全和其他合法权益。

第十七条 国家加强边防、海防和空防建设，采取一切必要的防卫和管控措施，保卫领陆、内水、领海和领空安全，维护国家领土主权和海洋权益。

第十八条 国家加强武装力量革命化、现代化、正规化建设，建设与保卫国家安全和发展利益需要相适应的武装力量；实施积极防御军事战略方针，防备和抵御侵略，制止武装颠覆和分裂；开展国际军事安全合作，实施联合国维和、国际救援、海上护航和维护国家海外利益的军事行动，维护国家主权、安全、领土完整、发展利益和世界和平。

第十九条 国家维护国家基本经济制度和社会主义市场经济秩序，健全预防和化解经济安全风险的制度机制，保障关系国民经济命脉的重要行业和关键领域、重点产业、重大基础设施和重大建设项目以及其他重大经济利益安全。

第二十条 国家健全金融宏观审慎管理和金融风险防范、处置机制，加强金融基础设施和基础能力建设，防范和化解系统性、区域性金融风险，防范和抵御外部金融风险的冲击。

第二十一条 国家合理利用和保护资源能源，有效管控战略资源能源的开发，加强战略资源能源储备，完善资源能源运输战略通道建设和安全保护措施，加强国际资源能源合作，全面提升应急保障能力，保障经济社会发展所需的资源能源持续、可靠和有效供给。

第二十二条 国家健全粮食安全保障体系，保护和提高粮食综合生产能力，完善粮食储备制度、流通体系和市场调控机制，健全粮食安全预警制度，保障粮食供给和质量安全。

第二十三条 国家坚持社会主义先进文化前进方向，继承和弘扬中华民族优秀传统文化，培育和践行社会主义核心价值观，防范和抵制不良文化的影响，掌握意识形态领域主导权，增强文化整体实力和竞争力。

第二十四条 国家加强自主创新能力建设，加快发展自主可控的战略高新技术和重要领域核心关键技术，加强知识产权的运用、保护和科技保密能力建设，保障重大技术和工程的安全。

第二十五条 国家建设网络与信息安全保障体系，提升网络与信息安全保护能力，加强网络和信息技术的创新研究和开发应用，实现网络和信息核心技术、关键基础设施和重要领域信息系统及数据的安全可控；加强网络管理，防范、制止和依法惩治网络攻击、网络入侵、网络窃密、散布违法有害信息等网络违法犯罪行为，维护国家网络空间主权、安全和发展利益。

第二十六条 国家坚持和完善民族区域自治制度，巩固和发展平等团结互助和谐的社会主义民族关系。坚持各民族一律平等，加强民族交往、交流、交融，防范、制止和依法惩治民族分裂活动，维护国家统一、民族团结和社会和谐，实现各民族共同团结奋斗、共同繁荣发展。

第二十七条 国家依法保护公民宗教信仰自由和正常宗教活动，坚持宗教独立自主自办的原则，防范、制止和依法惩治利用宗教名义进行危害国家安全的违法犯罪活动，反对境外势力干涉境内宗教事务，维护正常宗教活动秩序。

国家依法取缔邪教组织，防范、制止和依法惩治邪教违法犯罪活动。

第二十八条 国家反对一切形式的恐怖主义和极端主义，加强防范和处置恐怖主义的能力建设，依法开展情报、调查、防范、处置以及资金监管等工作，依法取缔恐怖活动组织和严厉惩治暴力恐怖活动。

第二十九条 国家健全有效预防和化解社会矛盾的体制机制，健全公共安全体系，积极预防、减少和化解社会矛盾，妥善处置公共卫生、社会安全等影响国家安全和社会稳定的突发事件，促进社会和谐，维护公共安全和社会安定。

第三十条 国家完善生态环境保护制度体系，加大生态建设和环境保护力度，划定生态保护红线，强化生态风险的预警和防控，妥善处置突发环境事件，保障人民赖以生存发展的大气、水、土壤等自然环境和条件不受威胁和破坏，促进人与自然和谐发展。

第三十一条 国家坚持和平利用核能和核技术，加强国际合作，防止核扩散，完善防扩散机制，加强对核设施、核材料、核活动和核废料处置的安全管理、监管和保护，加强核事故应急体系和应急能力建设，防止、控制和消除核事故对公民生命健康和生态环境的危害，不断增强有效应对和防范核威胁、核攻击的能力。

第三十二条 国家坚持和平探索和利用外层空间、国际海底区域和极地，增强安全进出、科学考察、开发利用的能力，加强国际合作，维护我国在外层空间、国际海底区域和极地的活动、资产和其他利益的安全。

第三十三条 国家依法采取必要措施，保护海外中国公民、组织和机构的安全和正当权益，保护国家的海外利益不受威胁和侵害。

第三十四条 国家根据经济社会发展和国家发展利益的需要，不断完善维护国家安全的任务。

第三章 维护国家安全的职责

第三十五条 全国人民代表大会依照宪法规定，决定战争和和平的问题，行使宪法规定的涉及国家安全的其他职权。

全国人民代表大会常务委员会依照宪法规定，决定战争状态的宣布，决定全国总动员或者局部动员，决定全国或者个别省、自治区、直辖市进入紧急状态，行使宪法规定的和全国人民代表大会授予的涉及国家安全的其他职权。

第三十六条 中华人民共和国主席根据全国人民代表大会的决定和全国人民代表大会常务委员会的决定，宣布进入紧急状态，宣布战争状态，发布动员令，行使宪法规定的涉及国家安全的其他职权。

第三十七条 国务院根据宪法和法律，制定涉及国家安全的行政法规，规定有关行政措施，发布有关决定和命令；实施国家安全法律法规和政策；依照法律规定决定省、自治区、直辖市的范围内部分地区进入紧急状态；行使宪法法律规定的和全国人民代表大会及其常务委员会授予的涉及国家安全的其他职权。

第三十八条 中央军事委员会领导全国武装力量，决定军事战略和武装力量的作战方针，统一指挥维护国家安全的军事行动，制定涉及国家安全的军事法规，发布有关决定和命令。

第三十九条 中央国家机关各部门按照职责分工，贯彻执行国家安全方针政策和法律法规，管理指导本系统、本领域国家安全工作。

第四十条　地方各级人民代表大会和县级以上地方各级人民代表大会常务委员会在本行政区域内，保证国家安全法律法规的遵守和执行。

地方各级人民政府依照法律法规规定管理本行政区域内的国家安全工作。

香港特别行政区、澳门特别行政区应当履行维护国家安全的责任。

第四十一条　人民法院依照法律规定行使审判权，人民检察院依照法律规定行使检察权，惩治危害国家安全的犯罪。

第四十二条　国家安全机关、公安机关依法搜集涉及国家安全的情报信息，在国家安全工作中依法行使侦查、拘留、预审和执行逮捕以及法律规定的其他职权。

有关军事机关在国家安全工作中依法行使相关职权。

第四十三条　国家机关及其工作人员在履行职责时，应当贯彻维护国家安全的原则。

国家机关及其工作人员在国家安全工作和涉及国家安全活动中，应当严格依法履行职责，不得超越职权、滥用职权，不得侵犯个人和组织的合法权益。

第四章　国家安全制度

第一节　一 般 规 定

第四十四条　中央国家安全领导机构实行统分结合、协调高效的国家安全制度与工作机制。

第四十五条　国家建立国家安全重点领域工作协调机制，统筹协调中央有关职能部门推进相关工作。

第四十六条　国家建立国家安全工作督促检查和责任追究机制，确保国家安全战略和重大部署贯彻落实。

第四十七条　各部门、各地区应当采取有效措施，贯彻实施国家安全战略。

第四十八条　国家根据维护国家安全工作需要，建立跨部门会商工作机制，就维护国家安全工作的重大事项进行会商研判，提出意见和建议。

第四十九条　国家建立中央与地方之间、部门之间、军地之间以及地区之间关于国家安全的协同联动机制。

第五十条　国家建立国家安全决策咨询机制，组织专家和有关方面开展对国家安全形势的分析研判，推进国家安全的科学决策。

第二节　情 报 信 息

第五十一条　国家健全统一归口、反应灵敏、准确高效、运转顺畅的情报信息收集、研判和使用制度，建立情报信息工作协调机制，实现情报信息的及时收集、准确研判、有效使用和共享。

第五十二条　国家安全机关、公安机关、有关军事机关根据职责分工，依法搜集涉及国家安全的情报信息。

国家机关各部门在履行职责过程中，对于获取的涉及国家安全的有关信息应当及时上报。

第五十三条　开展情报信息工作，应当充分运用现代科学技术手段，加强对情报信息的鉴别、筛选、综合和研判分析。

第五十四条　情报信息的报送应当及时、准确、客观，不得迟报、漏报、瞒报和谎报。

第三节　风险预防、评估和预警

第五十五条　国家制定完善应对各领域国家安全风险预案。

第五十六条　国家建立国家安全风险评估机制，

定期开展各领域国家安全风险调查评估。

有关部门应当定期向中央国家安全领导机构提交国家安全风险评估报告。

第五十七条 国家健全国家安全风险监测预警制度，根据国家安全风险程度，及时发布相应风险预警。

第五十八条 对可能即将发生或者已经发生的危害国家安全的事件，县级以上地方人民政府及其有关主管部门应当立即按照规定向上一级人民政府及其有关主管部门报告，必要时可以越级上报。

第四节 审查监管

第五十九条 国家建立国家安全审查和监管的制度和机制，对影响或者可能影响国家安全的外商投资、特定物项和关键技术、网络信息技术产品和服务、涉及国家安全事项的建设项目，以及其他重大事项和活动，进行国家安全审查，有效预防和化解国家安全风险。

第六十条 中央国家机关各部门依照法律、行政法规行使国家安全审查职责，依法作出国家安全审查决定或者提出安全审查意见并监督执行。

第六十一条 省、自治区、直辖市依法负责本行政区域内有关国家安全审查和监管工作。

第五节　危机管控

第六十二条　国家建立统一领导、协同联动、有序高效的国家安全危机管控制度。

第六十三条　发生危及国家安全的重大事件，中央有关部门和有关地方根据中央国家安全领导机构的统一部署，依法启动应急预案，采取管控处置措施。

第六十四条　发生危及国家安全的特别重大事件，需要进入紧急状态、战争状态或者进行全国总动员、局部动员的，由全国人民代表大会、全国人民代表大会常务委员会或者国务院依照宪法和有关法律规定的权限和程序决定。

第六十五条　国家决定进入紧急状态、战争状态或者实施国防动员后，履行国家安全危机管控职责的有关机关依照法律规定或者全国人民代表大会常务委员会规定，有权采取限制公民和组织权利、增加公民和组织义务的特别措施。

第六十六条　履行国家安全危机管控职责的有关机关依法采取处置国家安全危机的管控措施，应当与国家安全危机可能造成的危害的性质、程度和范围相适应；有多种措施可供选择的，应当选择有利于最大程度保护公民、组织权益的措施。

第六十七条 国家健全国家安全危机的信息报告和发布机制。

国家安全危机事件发生后，履行国家安全危机管控职责的有关机关，应当按照规定准确、及时报告，并依法将有关国家安全危机事件发生、发展、管控处置及善后情况统一向社会发布。

第六十八条 国家安全威胁和危害得到控制或者消除后，应当及时解除管控处置措施，做好善后工作。

第五章 国家安全保障

第六十九条 国家健全国家安全保障体系，增强维护国家安全的能力。

第七十条 国家健全国家安全法律制度体系，推动国家安全法治建设。

第七十一条 国家加大对国家安全各项建设的投入，保障国家安全工作所需经费和装备。

第七十二条 承担国家安全战略物资储备任务的单位，应当按照国家有关规定和标准对国家安全物资进行收储、保管和维护，定期调整更换，保证储备物资的使用效能和安全。

第七十三条 鼓励国家安全领域科技创新，发挥科技在维护国家安全中的作用。

第七十四条 国家采取必要措施，招录、培养和管理国家安全工作专门人才和特殊人才。

根据维护国家安全工作的需要，国家依法保护有关机关专门从事国家安全工作人员的身份和合法权益，加大人身保护和安置保障力度。

第七十五条 国家安全机关、公安机关、有关军事机关开展国家安全专门工作，可以依法采取必要手段和方式，有关部门和地方应当在职责范围内提供支持和配合。

第七十六条 国家加强国家安全新闻宣传和舆论引导，通过多种形式开展国家安全宣传教育活动，将国家安全教育纳入国民教育体系和公务员教育培训体系，增强全民国家安全意识。

第六章 公民、组织的义务和权利

第七十七条 公民和组织应当履行下列维护国家安全的义务：

（一）遵守宪法、法律法规关于国家安全的有关规定；

（二）及时报告危害国家安全活动的线索；

（三）如实提供所知悉的涉及危害国家安全活动的证据；

（四）为国家安全工作提供便利条件或者其他协助；

（五）向国家安全机关、公安机关和有关军事机关提供必要的支持和协助；

（六）保守所知悉的国家秘密；

（七）法律、行政法规规定的其他义务。

任何个人和组织不得有危害国家安全的行为，不得向危害国家安全的个人或者组织提供任何资助或者协助。

第七十八条 机关、人民团体、企业事业组织和其他社会组织应当对本单位的人员进行维护国家安全的教育，动员、组织本单位的人员防范、制止危害国家安全的行为。

第七十九条 企业事业组织根据国家安全工作的要求，应当配合有关部门采取相关安全措施。

第八十条 公民和组织支持、协助国家安全工作的行为受法律保护。

因支持、协助国家安全工作，本人或者其近亲属的人身安全面临危险的，可以向公安机关、国家安全机关请求予以保护。公安机关、国家安全机关应当会同有关部门依法采取保护措施。

第八十一条 公民和组织因支持、协助国家安全工作导致财产损失的，按照国家有关规定给予补偿；造成人身伤害或者死亡的，按照国家有关规定给予抚恤优待。

第八十二条 公民和组织对国家安全工作有向国家机关提出批评建议的权利，对国家机关及其工作人员在国家安全工作中的违法失职行为有提出申诉、控告和检举的权利。

第八十三条 在国家安全工作中，需要采取限制公民权利和自由的特别措施时，应当依法进行，并以维护国家安全的实际需要为限度。

第七章 附 则

第八十四条 本法自公布之日起施行。

公民举报危害国家安全行为奖励办法

（2022年6月6日中华人民共和国国家安全部令第2号公布　自公布之日起施行）

第一章　总　　则

第一条　为了鼓励公民举报危害国家安全行为，规范危害国家安全行为举报奖励工作，动员全社会力量共同维护国家安全，根据《中华人民共和国国家安全法》《中华人民共和国反间谍法》《中华人民共和国反间谍法实施细则》等法律法规，制定本办法。

第二条　国家安全机关在法定职责范围内对公民举报危害国家安全行为实施奖励，适用本办法。

第三条　对举报危害国家安全行为的公民实施奖励，应当贯彻总体国家安全观，坚持国家安全一切为了人民、一切依靠人民，坚持专门工作与群众路线相结合，坚持客观公正、依法依规。

第四条 公民可以通过下列方式向国家安全机关举报：

（一）拨打国家安全机关 12339 举报受理电话；

（二）登录国家安全机关互联网举报受理平台网站 www.12339.gov.cn；

（三）向国家安全机关投递信函；

（四）到国家安全机关当面举报；

（五）通过其他国家机关或者举报人所在单位向国家安全机关报告；

（六）其他举报方式。

第五条 公民可以实名或者匿名进行举报。实名举报应当提供真实身份信息和有效联系方式。匿名举报人有奖励诉求的，应当提供能够辨识其举报身份的信息。

提倡和鼓励实名举报。

第六条 国家安全机关以及依法知情的其他组织和个人应当严格为举报人保密，未经举报人同意，不得以任何方式泄露举报人身份相关信息。

因举报危害国家安全行为，举报人本人或者其近亲属的人身安全面临危险的，可以向国家安全机关请求予以保护。国家安全机关应当会同有关部门依法采取有效保护措施。国家安全机关认为有必要的，应当依职权及时、主动采取保护措施。

第七条 国家安全机关会同宣传主管部门，协调和指导广播、电视、报刊、互联网等媒体对举报危害国家安全行为的渠道方式、典型案例、先进事迹等进行宣传，制作、刊登、播放有关公益广告、宣传教育节目或者其他宣传品，增强公民维护国家安全意识，提高公民举报危害国家安全行为的积极性、主动性。

第二章 奖励条件、方式和标准

第八条 获得举报奖励应当同时符合下列条件：

（一）有明确的举报对象，或者具体的危害国家安全行为线索或者情况；

（二）举报事项事先未被国家安全机关掌握，或者虽被国家安全机关有所掌握，但举报人提供的情况更为具体详实；

（三）举报内容经国家安全机关查证属实，为防范、制止和惩治危害国家安全行为发挥了作用、作出了贡献。

第九条 有下列情形之一的，不予奖励或者不予重复奖励：

（一）国家安全机关工作人员或者其他具有法定职责的人员举报的，不予奖励；

（二）无法验证举报人身份，或者无法与举报人取得联系的，不予奖励；

（三）最终认定的违法事实与举报事项不一致的，不予奖励；

（四）对同一举报人的同一举报事项，不予重复奖励；对同一举报人提起的两个或者两个以上有包含关系的举报事项，相同内容部分不予重复奖励；

（五）经由举报线索调查发现新的危害国家安全行为或者违法主体的，不予重复奖励；

（六）其他不符合法律法规规章规定的奖励情形。

第十条 两人及两人以上举报的，按照下列规则进行奖励认定：

（一）同一事项由两个及两个以上举报人分别举报的，奖励最先举报人，举报次序以国家安全机关受理举报的登记时间为准，最先举报人以外的其他举报人可以酌情给予奖励；

（二）两人及两人以上联名举报同一线索或者情况的，按同一举报奖励。

第十一条 国家安全机关根据违法线索查证结果、违法行为危害程度、举报发挥作用情况等，综合评估确定奖励等级，给予精神奖励或者物质奖励。

给予精神奖励的，颁发奖励证书；给予物质奖励的，发放奖金。

征得举报人及其所在单位同意后，可以由举报人所在单位对举报人实施奖励。

第十二条 以发放奖金方式进行奖励的，具体标准如下：

（一）对防范、制止和惩治危害国家安全行为发挥一定作用、作出一定贡献的，给予人民币 1 万元以下奖励；

（二）对防范、制止和惩治危害国家安全行为发挥重要作用、作出重要贡献的，给予人民币 1 万元至 3 万元奖励；

（三）对防范、制止和惩治严重危害国家安全行为发挥重大作用、作出重大贡献的，给予人民币 3 万元至 10 万元奖励；

（四）对防范、制止和惩治严重危害国家安全行为发挥特别重大作用、作出特别重大贡献的，给予人民币10万元以上奖励。

第三章　奖励程序

第十三条　对于符合本办法规定的奖励条件的举报，应当在举报查证属实、依法对危害国家安全行为作出处理后30个工作日内，由设区的市级以上国家安全机关启动奖励程序。

第十四条　国家安全机关应当根据本办法第十一条、第十二条，认定奖励等级，作出奖励决定。

第十五条　国家安全机关应当在作出奖励决定之日起10个工作日内，以适当方式将奖励决定告知举报人。

举报人放弃奖励的，终止奖励程序。

第十六条　举报人应当在被告知奖励决定之日起6个月内，由本人或者委托他人领取奖励。

因特殊情况无法按期领取奖励的，可以延长奖励领取期限，最长不超过3年。举报人无正当理由逾期未领取奖励的，视为主动放弃。

第十七条　征得举报人同意后，国家安全机关可以单独或者会同有关单位，在做好安全保密工作的前提下举行奖励仪式。

第十八条 公民举报危害国家安全行为奖励经费按规定纳入国家安全机关部门预算。

第十九条 国家安全机关应当加强对举报奖金的发放管理。举报奖金的发放，应当依法接受监督。

第四章 法律责任

第二十条 国家安全机关工作人员有下列情形之一的，对负有责任的领导人员和直接责任人员依规依纪依法予以处理；构成犯罪的，依法追究刑事责任：

（一）伪造或者教唆、伙同他人伪造举报材料，冒领举报奖金的；

（二）泄露举报或者举报人信息的；

（三）利用在职务活动中知悉的危害国家安全行为有关线索或者情况，通过他人以举报的方式获取奖励的；

（四）未认真核实举报情况，导致不符合奖励条件的举报人获得奖励的；

（五）对符合举报奖励条件的举报人，无正当理由未按规定要求或者期限给予奖励的；

（六）其他依规依纪依法应当追究责任的情形。

第二十一条 举报人有下列情形之一的，依法予以处理；构成犯罪的，依法追究刑事责任：

（一）借举报之名故意捏造事实诬告、陷害他人的；

（二）弄虚作假骗取奖金的；

（三）恶意举报或者以举报为名制造事端，干扰国家安全机关工作的；

（四）泄露举报中知悉的国家秘密或者工作秘密，造成不良后果或者影响的。

举报人有前款规定情形之一，已经启动奖励程序的，应当终止奖励程序；已经作出奖励决定的，应当予以撤销；已经实施奖励的，应当予以追回。

第二十二条 举报人所在单位有下列情形之一的，依法予以处理：

（一）举报人向所在单位报告危害国家安全行为线索或者情况后，单位不及时向国家安全机关报告或者漏报、瞒报，造成不良后果或者影响的；

（二）举报人向国家安全机关报告危害国家安全行为线索或者情况后，单位对举报人实施打击、报复的。

第五章　附　　则

第二十三条　对境外人员举报实施奖励，适用本办法的有关规定。

第二十四条　本办法自公布之日起施行。

行为才是治疗抑郁症的良药。

如今的 C 恢复了单身，去往异国，开始了新的生活。虽然看上去生活要比之前辛苦不少，再也和“完美”无关，但是 C 每天过得十分快乐，原因只有一个：她不喜欢被设定好的人生，而现在才是她想要的人生。

我想所有人小时候都被老师问过这样一个问题：长大后你想干什么？这时，我们的回答是“多姿多彩”的，充满了特殊性，充满了自己的想法和对未来的向往。

随着时间的推移，我们慢慢地长大了，心智也随之变得更加成熟了，能力也越来越强了，但是很多人与小时候的梦想渐行渐远。

长大之后的我们，再也不敢随意对周围的人说出豪言壮语，因为此时的我们已经“懂事”，知道很多事情并不是自己想做就可以做的。我们的父母、老师、朋友等相关的人都会给我们的未来做出指点，让我们明白自己小时候的梦想不过是年少无知罢了，人活着要现实一些。

人生应该是小时候好好学习，考一个好大学，之后找一份既能赚钱又稳定的工作，然后结婚生子，养家……这才是“正确”的人生模式。

曾经有人给我制定了类似的人生模式，告诉我照着走就对了。当时我突然感觉自己如果过上这样的生活那就像是在玩电子游戏似的，并且还是一款自由度很低的游戏。

我所能做的就是在游戏既定的框架内不断前行，跨过各种设定好的障碍，一路奔向通关……难道我们来到这个世界上就是玩一场被提前设定好的游戏吗？

这个问题使我的人生发生了改变。

幸运的是我意识到了这一点，意识到人生当中有时难免会让他人左右我们的方向，但是最终路是需要自己走的。当我们的人生被他人左右的时候，其实我们并不是在为自己而活，只是在为他人而活。

如果我们没有意识到这一点，一味地听从他人的意见，过上他人为我们设定好的人生，那人生就不再有乐趣可言，也不再有意义可言，有的只是无尽的痛苦，因为这不是我们想要的人生。

★ 赐予我成为"非主流"的勇气

著名演员徐静蕾一直没有结婚，无数人对这个话题非常感兴趣，有人揣测徐静蕾是不是曾经受过什么伤害，才一直没有结婚。

而徐静蕾对此的回应则充满了伤感，她说："每次别人结婚我都会祝福他们，因为他们找到了自己的幸福。而我不结婚不是因为我受过什么伤害，也不是因为我是一个不婚主义者，只是因为这样我觉得过得非常幸福，为什么大家不能像我祝福他人结婚那样祝福我呢？"

一些出身传统家庭的女孩大多接受过类似的说教：女孩子没有必要有太高的学历，也不用太吃苦，只要将来能够找到一份安稳可以养活自己的工作，找一个好丈夫就可以了。这种教育也许包含了父母的好意，他们不希望自己的女儿太过辛苦，但是同时这种教育也限制了女儿。这种教育是在告诉女儿自己并不需要奋斗，要把一切都寄托在未来的爱情和婚姻上。然而，这些都是现在无法预测和控制的。

当然，我并不是说爱情和婚姻是靠不住的，但是在它们还没有到来之前，我们自己也应该做点什么，为自己的将来负责。

我不否认有人本性追求平稳、喜欢过着父母为自己指定的那种生活，然而我也相信大多数人并不愿意过这种生活，她们选择这样生活的原因之一就是听从父母的教导。

上学、毕业、平淡地过日子、匆忙地结婚、匆忙地生子……这样的人生真是我们想要的吗？当然不是。

我们的生活理想是什么？无论这个问题的答案是什么，都表达了一个意思：让自己过好。

不需要重复上一代的生活模式，不让自己的生活依赖于任何人的施舍，按照自己的理想不断做出改进，减少家庭、社会现实对自己的影响，让生活进入喜欢的模式。

我们经常提到一句话："不忘初心。"然而，我们有时候不自觉地就忘记了自己的初心，过上了别人为我们设定好的人生。有人一生都是如此，按照既定的人生道路前行，索然无味地走过了一生，当他身处暮年回首往事之时显得异常茫然，唯一留下深印象的也许就是童年时期无忧无虑的生活。

而有的人虽然在前行道路上慢慢遗忘了自己的初心，但是在途中，他们会突然意识到自己的人生本不应该如此，这并不是自己想要的人生。就像 C 一样，决定走出他人设定好的人生，为自己的人生负责。

在此，我突然想起唐伯虎在《桃花庵歌》中的诗句："别人笑我太疯癫，我笑他人看不穿。不见五陵豪杰墓，无花无酒锄作田。"

第 2 章 成为自己的人生导师

◎ 做自己人生的导师

“未来，我一定要开上自己的保时捷！”

——北野武

“跟着前面那辆保时捷。”客人上车后对出租车司机说。

司机毫不诧异地启动了汽车，做司机的，经常会遇到各种各样的客人，什么要求没见过……跟着前面的豪车，多半是有什么特别的目的吧。司机默默地想。

“这车蛮贵的，开这个车的人还真让人羡慕啊。”司机又想。

突然，身边的客人仿佛听到了他心里的话似的，说：“那辆保时捷，是我的哦！”

司机诧异地望了下身边的客人，发现这个拥有昂贵跑车的客人看起来并没有很开心，反而有几分落寞。

很多年之后，也许是在看电视的时候，也许是在翻阅女儿买的杂志的时候，这个司机突然想起来自己多年前载的那个客人，正是日本大导演北野武。

也是很多年以后，他才知道为什么北野武要他跟着自己的豪华跑车。

北野武年轻的时候，就非常喜欢跑车，或者因为他非常喜欢跑车，于是立下宏愿：有一天我一定要开上保时捷！

他的愿望实现了，可是，当他的愿望实现了，他真的开着自己的保时捷在路上穿行的时候，他觉得自己完全没有想象中开心。

他就想："肯定是因为我看不到自己开保时捷的样子。"

于是他请自己的朋友替自己开车，自己乘出租车跟在爱车后面，还对身边的司机说："那辆车是我的哦！"

幸运的是北野武终于实现了自己开保时捷的梦想，即使开跑车本身不再令他快乐，但是追逐跑车的过程是无比快乐的。而他也在追逐跑车梦想的过程中，从电梯里的服务员变成了被无数影迷追捧的导演，人们尊称他为"日本电影新天皇"，给他无限的爱与崇拜。

他一切的辉煌，都是从他拥有"未来的我要开保时捷"这个梦想开始的。在北野武自己的人生道路上，他很好地充当了自己的导师。

那么如何成为自己的人生导师呢？这需要我们在人生中担任好三种关键角色：镜子、指南针和鞭策者。

◈ 人生导师的第一个角色：镜子

镜子的作用就是帮助我们了解真实的自己。

1972 年，北野武在牛肉场 FRANCE 座当电梯人员，但是他很明确地知道：自己未来要向演艺界发展。北野武出生于 1947 年，1972 年他已经 25 岁，虽然看起来进入演艺界好像有点晚了，但是他从来没有怀疑过自己未来的方向，也未曾怀疑自己的能力。这种笃定正是建立在对“真实的自我”的了解之上，不以现有的条件为限制和转移。

也许有人会说我当然了解自己了，根本不需要镜子，但是真的如此吗？我们真的了解自己吗？

我知道自己的弱点在哪里吗？

我知道自己的心智与行为模式有哪些缺陷吗？

我最大的人生欲望是什么？

我内心最深处的渴望是什么？

当我们向自己提出这些问题之后，就会发现我们对自己可以说是一无所知。

举个很简单的例子，我们出门前不照镜子，能够发现自己穿着打扮上出现的问题吗？答案是不能。所以我们需要学会抽离自己，用第三方视角重新审视自己，从而让自己成为自己的镜子。

托马斯 · 纳斯特是 19 世纪著名的政治漫画家。一次，他去参加一个朋友聚会，在聚会进行到一半时为了活跃现场气氛，有人邀请他随机为现场的人画肖像，大家猜画的是谁。纳斯特听到邀请后欣然接受，开始快速地给现场的人画漫画肖像，因为时间关系，纳斯特每幅画只用了寥寥几笔就完成了，为了留下更多线索，纳斯特在每幅画上还写下了肖像主人的一些特点，如性格温和、喜欢安静、脾气暴躁等。

当纳斯特画完数张漫画肖像后游戏开始了，虽然肖像画得都非常简单，但是一方面纳斯特是一个相当出色的漫画家，另一方面每幅肖像上还留有文字线索，因此所有的肖像画很快就被指认了出来。当所有漫画肖像被指认完之后，纳斯特发现了一个很有意思的现象：所有给出正确答案的人都是在指认其他人的肖像，没有一个人认出自己的漫画肖像。

没有一个人认出自己的肖像画，这是一个巧合吗？当然不是。和托马斯・纳斯特同一时期的著名精神病医师、心理学家西格蒙德・弗洛伊德，有一部经典著作《梦的解析》。在这本书中弗洛伊德表达了一个很重要的观点：人很难认识自己。在弗洛伊德之后又有无数的西方心理学家做过类似的研究，也得出和他同样的结论。

在中国传统文化中，老子说：“知人者智，自知者明。”通过这句话，我们可以知道真正了解他人的人都是有智慧的，而了解自己比了解他人更胜一筹。事实也正是如此，想要了解一个人是非常难的，这需要足够的智慧，而想要了解自己则更不容易，这不仅需要拥有足够的智慧，而且需要有足够的自知。现实中很多人都难以做到自知，难以看清自己，这或许是中国古代经典名句“人贵有自知之明”出现的原因。

成为自己的镜子，帮助我们观察自己，深刻地觉察自己，洞悉自己的状态，了解那些隐藏在我们内心深处不为人知，同时无时无刻不影响我们的行为和思想的心智模式，找到自己的欲望与弱点所在。

那么我们如何通过自己这面镜子认识自己呢？一些人可能认为这

是一个非常复杂和烦琐的过程，涉及很多专业知识。其实并不是如此。我不想给大家推荐一些晦涩难懂的方式，因为这些方式并不是所有人能够理解的，其实了解自己，只需要一个简单的方式——找出一张纸，拿笔在纸上写下 3 个问题：

我最大的弱点是什么？

我最深的渴望是什么？

我理想中的自己是什么样的？

把我们想到的答案一一写在纸上。每个问题的答案不限于 1 个，可以写无数个。

最大的弱点可以是软弱不愿承担责任、瞻前顾后、骄傲……

最深的渴望可以是渴望获得金钱、渴望获得健康、渴望获得很多人的尊敬和喜爱……

理想中的自己可以是拥有健康的身体、做着喜欢做的事情……越具体越好。越具体，就越具有激励作用，如北野武的理想是"开上自己的保时捷"。

只要是这 3 个问题的答案就可以写上去。不断地写，不断地思考，直到你再也写不出来，纸上的这些答案就是我们认识自己的最好方式。

写有答案的这张纸，就是我们最好的镜子，通过它，我们能够看到：我们最大的弱点是什么，我们所渴望的生活是什么样的，我们理想中的自己是什么样的。

当你真的找到自己最大的弱点和最深的渴望之后，你才能实现人生的逆转与蜕变。

◈ 人生导师的第二个角色：指南针

“真正的世界不在你的书里和地图上，而是在外面。”

——《霍比特人》

哈佛大学心理系的一群学生在 20 世纪 90 年代曾经做过一个实验：随机在大街上寻找三组志愿者，每组有 10 个人，让他们依次朝着 10 千米外的一个目的地徒步前行。

这三组志愿者先后走的是同样的一条道路，天气情况也相差不多，区别就是每组志愿者对目的地的了解有所不同。

实验的组织者没有告诉第一组志愿者目的地在哪里、有多远，只是告诉他们跟着一名实验助手走就可以了，于是这组人在一无所知的情况下开始前进。

当这组志愿者走到 4 千米时就已经有人开始抱怨，认为这个实验简直是太无聊了，完全是浪费时间。在抱怨中这群人又走了 2 千米，此时已经有人开始愤怒了，直接离开了队伍，不想再参与实验。当走到 8 千米时，志愿者队伍中只剩下了 3 个人，而当走完 10 千米到达终点时，实验组织者发现队伍中只剩下了一个人，这个人就是带路的实验助手。

接下来轮到了第二组志愿者。实验者告诉了他们目的地的大概位置，但是没有说清楚具体走多少千米，这组志愿者跟随实验助手开始前行。

虽然志愿者知道目的地的大概位置，但是并不知道具体要走多远，而且他们也无法测量自己究竟走了多远，一切只能估算。当队伍走到4千米时，有人开始向实验助手提出问题，询问具体还要走多远。实验助手拒绝回答。

走到6千米的时候，有人开始抱怨，但是有其他志愿者说："根据我的估算应该没有多远了。"这些抱怨的人又重新恢复安静。走到8千米的时候，整个队伍陷入了焦躁的气氛中，不过这时又有志愿者出来说："我们已经走了很远，目的地肯定就在这附近了。"于是队伍再次恢复安静，继续向前走。

终于第二组志愿者走完了10千米，全部到达了目的地。不过当他们到达之后每个人都显得异常疲惫，同时抱怨不断，觉得参加这个实验实在是太后悔了。

最后轮到了第三组志愿者。这次实验者将目的地以及具体的路程都告诉了他们，并且让对环境比较熟悉的实验助手每走2千米就对志愿者通报一次。结果，第三组志愿者愉快地踏上了旅程，一路上边聊天边看风景，最后顺利地到达了目的地。除了体力上略显不足外，每个人的精神都非常不错。

三组志愿者走相同的一段路程，为什么会有这么大的差距？原因就是一、二组志愿者没有明确的目标，他们不知道自己距离终点还有多远，所以他们在前进的道路上很容易产生放弃的想法。而第三组志愿者有着明确的目标，同时知道自己和终点之间的距离，所以他们的行动动机更加明显，最终怀着愉快的心情完成了实验。

几乎所有人都知道人生目标的重要性，但是并不是每个人都能找到正确的前进方向。这就像是一句电影台词：我们听过无数的道理，却依然过不好这一生。

未来的目标是什么，这对于我们的人生非常重要，它关乎我们的一生是否具有意义和价值。

我们提到过人生道路是如此复杂，看起来有许多道路供我们选择，但并不是每个道路都通往我们梦想的方向。这时我们就需要成为自己的指南针，帮助自己找到人生目标。

当我们成为自己的指南针之后，就可以找到自己最大的弱点和最深的渴望，而当这个渴望继续延伸，就会成为人生目标。

有这么一句话：一个拥有目标的人，全世界都会给他让路。

◎ 人生导师的第三个角色：鞭策者

“我每救一个人之后，就会对自己说：上帝啊，我要再多救一个！然后我继续努力，下一次我又对自己说：上帝啊，再让我多救一个……”

——戴斯蒙德·道斯

想象一下：如果你是一位部队军医，在一场战役中部队突然宣布撤退，但是在阵地上还有很多因为受伤无法撤退的战友，你想尽自己最大的努力救出你的战友。现在仅靠你自己的力量，没有大部队的支援，你能够在敌人眼前救出多少个战友？

2 个？5 个？10 个？

这是一个真实的情境，它发生在第二次世界大战时美国和日本在冲绳岛上的战役中。而那位一心想要救出受伤的战友的美国军医最终依靠自己的力量，一共救出了 75 个人。

这听起来似乎有些不可能，但是这位军医做到了。这位军医的名字是戴斯蒙德 · 道斯，他的事迹在 2016 年被导演梅尔 · 吉布森拍成了电影，电影的名字叫《血战钢锯岭》。

事后曾经有人问他究竟是如何做到这一切的，道斯回答说："我每救一个人之后，就会对自己说：上帝啊，我要再多救一个！然后我继续努力，下一次我又对自己说：上帝啊，再让我多救一个……"

"就是这一次次的祈祷，让我成功地救出了那么多人。"

让他救出那么多人的并不是上帝，而是他自己。他每次祈祷，都是一次对自己的鞭策。

正是这一次次的鞭策，使他单枪匹马地救出了 75 个人，这几乎是一项不可能的奇迹，也是人类潜能的一次惊人发挥。

维吉尼亚 · 萨提亚是美国著名的心理治疗师和家庭治疗师，她曾经提出过一个理论叫冰山理论：每个人的"自我"就像是冰山一样，能够被外界所看到的只是冰山露出水面的部分，也是很小的一部分，其余更大的部分隐藏在水下，不被外界了解。

冰山理论同时也体现在人类的能力发挥上，一个人表现出来的能力只是其全部能力的一小部分，更多的能力隐藏在表面下，这就是我们常说的潜能。

每个人都有巨大的潜能，但是如何将我们的潜能挖掘出来呢？想要激发出我们的潜能需要做的事情很多，其中不可缺少的一件事情就是自我鞭策。

时刻自我鞭策，不要让我们对未来有所懈怠、动摇，努力让我们做到最好。

人生中的鞭策者有很多，小时候父母的教导是一种鞭策，上学后老师的教育是一种鞭策，步入社会后领导的训话也是一种鞭策。

但是这些鞭策都来自外界，是他人强行灌输给我们的，大多数人对这种外界强加给我们的东西会有一定的排斥心理，这是人的本能或者天性，即使它们来自我们最亲近的人。因此，最佳的鞭策者只能是我们自己。

只有自己才能有效地鞭策自己；只有自己才能随时随地鞭策自己；只有自己才了解自己想要的是什么，然后按照要求鞭策自己。我们只有成为自己的鞭策者，才能发挥自己的潜能。

1945 年，一名职业运动员用了 4 分 1 秒的时间跑完了 1 英里（约 1.6 千米），同时也创造出了当时 1 英里的世界纪录，而纪录产生之后一部分人认为 4 分 1 秒已经是人类的极限，不可能再有突破了。在后来的 10 年里，这个纪录确实一直没有被打破，大多数人也认可了 4 分 1 秒是人类极限的说法。

不过在 1954 年 5 月的一个傍晚，英国牛津大学的一名医科学生在 1000 名观众面前开始挑战这个纪录，并且以 3 分 59 秒的成绩成功突破了之前大多数人认为的人类极限。这名医科学生的名字就是罗杰 · 班尼斯特。

在班尼斯特打破了保持 10 年的 1 英里世界纪录之后，他马上就成了体育界乃至医学界的红人，无数人抱着不同的目的采访他。体育界人士希望知道他是通过怎样的训练打破了原有的纪录，医学界的人士希望研究他的身体，看他在身体方面是否有超乎常人的地方，因而才能够突破那个在医学界看来是人类身体极限的纪录。

但是这些人在采访过他之后都略感失望，因为他们既没有发现班尼斯特有什么训练秘诀，又没有发现他的身体有超越常人的地方，但是只有班尼斯特自己知道他为了打破这个纪录付出了什么。

在打破纪录的 8 年前班尼斯特就已经有了想法，他认为虽然从现有的医学知识上来看，人类确实无法突破 1 英里 4 分钟的极限，但是他相信人的身体是有着巨大潜能的，只要一个人愿意打破这个纪录，就一定能够利用自己的双脚，战胜所有的困难，实现目标。

此后班尼斯特就一直用这个想法鞭策自己，并且无数次尝试冲击纪录，但也失败了无数次，最终在 1954 年 5 月的一天实现了自己的目标，成功打破了 1 英里 4 分钟的纪录。还有一件有意思的事情就是在班尼斯特打破这一纪录之后的几年里，又有数位运动员打破了他的纪录。1999 年，一位摩洛哥运动员甚至将这一纪录提高到了 3 分 43 秒，但是班尼斯特依然认为这并不是人类的极限，他相信在未来的数十年里一定会有人去打破这一纪录。

人的身体具有巨大的潜能，那些一次次超越极限的人就是在一次次地挖掘自己的潜能，他们相信潜能会让自己突破所谓的极限，潜能能够让自己做到一些常人看来做不到的事情，所以他们不断鞭策自己、不断鼓励自己前行，实现既定目标。

从班尼斯特的案例中我们可以知道最初长跑运动员无法打破 1 英里 4 分钟的纪录并不是能力不足，而是因为他们没有意识到自己可以利用潜能打破这一纪录，没有鞭策自己挖掘潜能。

班尼斯特破纪录让其他运动员意识到，原来这一纪录并非是不可能打破的，人的身体并没有医学界所认定的极限。所以在班尼斯特之后又有数名运动员打破了这一纪录。

我一直是萨提亚冰山理论的忠实信奉者。在我看来，每个人都像是一座冰山，虽然展现在外界的部分并不怎么起眼，但是在隐藏部分中有着巨大的潜能，而成为自己的鞭策者，就拥有了激发自己潜能的最佳方式。

很多时候我们会感觉人生道路非常复杂，可以选择的道路太多，但是我们不知道哪条道路才是正确的。所以我们会希望一位人生导师从天而降，帮助我们做出选择。

虽然我们在一生中会遇到很多位人生导师，这些导师在不同的人生阶段给予我们不同的指导。但是我们必须明白一点：对于我们自己来说，最好的人生导师永远是我们自己，并且“自己”这位人生导师将会伴随我们的一生。

第 3 章 当下结账，请勿赖账：你的未来都是时间给你的账单

◈ 一切皆有可能？不，是“春天花会开”

“一个真正顿悟的人，他不会对未来有‘一切皆有可能’的幻想，他只是过好当下的生活，未来对他来说就像春天来到花自然会开一样简单和自然。”

——对未来的领悟

经常有人对我说未来有无限的可能性，我通常会微笑地表示赞同。是的，未来确实有无限的可能性，但是这句话换种说法就是没有人能够知道未来究竟会发生什么，它充满了不确定性，我们能够确定的只有当下。

有时我们会用未来的无限可能性鼓励自己，告诉自己现状代表不了什么。

对于这种想法我们可以解读为永不放弃、永不气馁，但是我们也可以解读为这是对当下的自己的一种不满意，希望用未来的可能性缓解自己不满意的情绪。

未来永远都是一个相对的概念。对于2018年的当下来说，2028年是未来。但是到了2028年，它又成了当下，未来还是在前方。

无论我们是沉沦于过去的回忆，还是沉溺于未来的幻想，接近真实的只有当下。因此每个真正活在当下的人虽然有回忆，但是不会沉沦；虽然有理想，但是不会沉溺。对当下的认识让我们意识到自己能够抓住的只有当下。所以只做可以做的事情，只做该做的事情。

我们的当下其实也是过去的未来，我们当下所过的生活正是我们过去的期许。想想10年前你如何幻想现在的自己，你完成这个幻想了吗?

未来有无限可能，事实上，如果我们现在什么也不做，随波逐流，那么我们的未来只有一种可能，而它是不是我们所盼望的，那只能寄希望于渺茫的运气。

我们盼望未来，不过首先要过好当下。当我们对未来有清晰的认识时，我们就会发现，如果想要实现梦想的未来，那当下的我们只有一条路可走。

虽然我们无法准确地预知未来，不过我们依然可以将未来可能发生的事情分成两大类。

第一类是由我们当下的知识和经验判断，预测未来可能会发生的事情。例如，当下的运动锻炼可能会让未来自己的身体保持健康；例如，当下制定理财计划可能会让未来的自己实现财务自由。我们想要未来变成什么样，就需要根据知识和经验判断当下应该怎么做，然后认真做就可以了。

第二类则是小概率事情，也就是没有任何征兆、完全无从预测的事情。这些事情是我们以个人能力完全无法影响的，用一个词语来形容就是“运气”。既然这类事情我们无法预测也无法影响，那么在当下也就完全没有必要考虑，只考虑当下应该做什么就可以了。

例如，一个年轻学生想要成为一个环游世界的摄影师，那么对于当下来说，要做的就是存钱、练习摄影技术、学习外语，以及学习他人环游世界的经验，为未来做准备。

如果这个年轻学生选择庸庸碌碌、随波逐流的生活，像大多数人一样上课、下课、打游戏、约会，未来他能够成为环游世界的摄影师的概率多小，不用说也知道。

大多数号称有理想却仍然迷茫的人，之所以会迷茫，是因为他特别清楚，他当下所做的事情，和他的理想毫无因果关系。一个每天都为了理想而奋斗的人，永远不会感到迷茫。

使我们感到漫长的，并不是时间本身，而是我们匮乏的耐心。

真正使我们感到紧张的，不是因为我们的进取，而是进取过程中的失控。

当我们拥有了淡定，我们就会拥有内心的平和与喜悦。

当我们清醒地觉察当下和未来，我们就会获得真正的专注与冷静。

◈ 自省内观才是回归正确航线的第一步

“认识自己可比认识别人要难得多了。”

——我的一位朋友

曾经有人问过泰戈尔两个问题：“在这个世界上什么事情是最容易的？什么事情又是最难的？”

泰戈尔回答说：“这个世界上最容易的事情就是指责别人，最难的事情就是认清自己。”事实正是如此。

一位妇人的卧室窗户正好对着邻居的后院，每次邻居在院里晾晒衣服她都能看得见。结果这位妇人发现邻居晾晒的衣服总是没有洗干净，上面还有很多污点，所以这位妇人经常会和朋友说邻居是怎样懒惰的人。

然而，有一天朋友来到她的家中做客，恰巧此时邻居又在晾晒衣服，这位妇人就喊朋友到卧室说：“你看这个懒惰的邻居又在晾她没有洗干净的衣服了。”

结果朋友仔细看了之后，找到一块清洁布在窗户上擦了几下，对妇人说：“并不是邻居没有洗干净衣服，而是您的窗户玻璃脏了。现在您再看看。”

妇人听了之后，再仔细一看，果然像朋友所说，邻居洗的衣服非常干净，而自己卧室窗户的玻璃上污垢斑斑。

这个世界上没有十全十美的人。但是我们大多数人像是上面那个小故事中的妇人一样，很容易发现他人身上的缺点和不足，无法发现自己的问题。我建议大家真正认识自己，因为认识自己并不是一件很容易的事情。

有的人活了几十年，拥有超乎寻常的识人能力，可以轻松地将他人看得十分清楚，把握得非常准确，但是没有办法认识自己。因为识人只需要有足够的阅历和经验就可以，而识己则需要做到自省和内观。

什么是自省？就是要用自我意识省察自己的言行；什么是内观？就是要往内观察自己的身心，洞察真相，净化身心。

如今，我们生活在一个物质资源高度富裕的时代，人类的科技水平也到了一个全新的高度，这让我们不得不佩服人类的伟大。但是在社会进步、科技水平发达的背后是精神世界的极度匮乏。

在儒家经典《论语》中有“吾日三省吾身”一说，然而现今我们很少有人能够做到这一点。

★ 自省内观让我们正视自己

有一句名言是“生命不是超越别人，而是要超越自己”。是的，只有能够正视自己，经常对自己进行自省和内观，我们才能不断地修正自己的言行。同时避免因为对自身能力的错误判断而失败，相对应的，我们也可以避免因为自卑或者胆怯而错过一些原本应该属于自己的成功。

有一个年轻人出去逛街，他在街上看到有一个老人坐在街边，面前放了一个大鱼缸，里面有数十条大小不一的观赏鱼。

年轻人看到之后以为老人是卖鱼的，碰巧这个年轻人也喜欢养鱼，于是他就上前询问鱼的价格。结果老人对他说自己不卖鱼，自己只卖捞鱼的渔网，价格是一元钱一个，买了渔网的人可以到鱼缸捞鱼，捞上来的就是自己的了。

年轻人听完之后往旁边一看，才发现鱼缸一边还放着厚厚的一叠渔网，不过渔网看上去不结实，年轻人就问老人："不会是你的渔网有问题，鱼一碰就破吧。"老人笑了笑回答说："放心吧，我的渔网绝对能捞上来鱼。"

年轻人听完之后放心了，买了 5 个渔网，开始在鱼缸里捞鱼。年轻人瞄准那些体型较大的鱼，结果大鱼力气大，捞到了马上就冲破了渔网。很快年轻人的 5 个渔网都破了，一条鱼都没有捞上来。这时年轻人大怒，对老人说："你刚才不是说自己的渔网没有问题，一定能够捞上来鱼吗？那为什么我用破了 5 个渔网，却一条鱼都没有捞上来？"

老人看了看年轻人说："年轻人，我的渔网肯定可以捞上来鱼，不过我刚才看你捞鱼一心挑那些个头大的鱼，但是你没有仔细想过：自己手中的渔网有没有能力去捞这些大鱼？"

说完老人就从旁边随意拿出一个渔网，对准鱼缸里的一条小鱼，非常轻松地就捞了出来。

每个人都有自己想要做的事情，但是这件事情必须根据自己的实际能力来定。如果一个人高估了自己的能力，那做成这件事情就成了妄想，这只会让人在原地止步不前。与其这样不停地在原地焦虑打转，不如重新审视自己，对自己进行自省和内观，根据自己的真实情况重做打算。

就像故事中的年轻人一样，他一心把目标锁定在大鱼身上，却总不能如愿地捞到大鱼，一次次让大鱼在渔网中逃走。如果此时他愿意降低自己的目标，捞一些体型较小的鱼，那么就可能得到另外一个结果。

很多时候我们感觉自己距离成功仅有一步之遥，但就是这一步我们怎么也无法跨过。于是我们拼命地向前努力，拼命地挣扎，但依然无法成功，只能选择放弃。也许我们这时只需要稍微地往后退一步，根据自己的能力降低标准，成功就到来了。

一个真正懂得自省和内观的人总能对自己做出正确的评价，为自己找到一个恰当的目标。因为他们在前行时不会将所有的注意力都集中在目标上面，他们还会将一部分注意力放在自己身上，时刻审视自己。

自省和内观在帮助我们确定合适的目标的同时，也能够帮助我们发现自己内心深处的顽疾。通过自省和内观我们能够触及自己的灵魂深处，将藏在那里的狂妄、自大、软弱等驱赶出去，让我们重新回归正确的航线。

◎ 每个人都是超人，只是你没有找到“正确的变身方式”

“你房间里那本斯特拉斯伯格的书，只看了前面的8页，其他书也是一样。好不容易稍微有点学习的干劲了，可是书一买回来就满足了……”

——《盗钥匙的方法》

一个猎人带着自己的猎犬去森林里打猎。

这个猎人在森林里转了很久都没有发现猎物，就在他垂头丧气准备回家的时候，突然发现不远处的树下藏着一只兔子。

这个猎人看到猎物非常高兴，小心翼翼地举起了枪，瞄准了兔子，然后扣动了扳机。结果这一枪打到了兔子的腿上，兔子受伤之后立刻拼命逃跑。这时，训练有素的猎犬马上朝着兔子飞奔而去。

虽然兔子的腿已经受伤了，但是猎狗总也追不上兔子，并且和兔子之间的距离越拉越大，最终让兔子钻进洞穴逃脱了，猎狗只好悻悻地返回猎人的身边。

猎人看到猎狗什么都没有抓到就回来了非常生气，他对猎狗大喊说："兔子腿已经受伤了你都追不上，养你有什么用？"

猎狗此时也感到很委屈，对猎人说："我刚才已经尽力追那只兔子了，并没有偷懒。但是不知道为什么那只受伤的兔子还能跑那么快。"

就在猎狗被主人训斥的同时，兔子带着伤回到了家。其他兔子看到之后围了上来问它发生了什么，受伤的兔子把事情的经过说了出来。

其他兔子听了受伤的兔子的经历之后非常惊讶，问受伤的兔子："你的腿受伤了居然还能跑过猎狗，是怎么做到的？不会是那只猎狗偷懒了吧。"

受伤的兔子说："怎么可能偷懒，那只猎狗跑得飞快，已经尽全力了。不过我忍住疼痛跑得比它更快，因为它只是尽全力跑，而我则是拼了命地跑。如果我不拼命跑——那我就死定了！"

猎狗真的跑不过腿上已经受伤了的兔子吗？当然不会，如果在猎狗身后放一头狮子追它，那猎狗肯定能追上兔子。而兔子能够在受伤的情况下跑赢猎狗，只是因为这关系到它的生存：被追上就没命了。于是兔子就拼了命地跑，此时受伤的它跑的速度可能要比平时快得多，因为逃命激发了它的潜能，所以这只受伤的兔子超常发挥，成功地甩掉了猎狗。

人其实也是如此。

每个人体内都有巨大的潜能，当这些潜能爆发出来时，我们就像超人一般，可以做到一些在平时看起来完全不可能做到的事情。

不过，在日常生活中大多数人的表现都是非常平常的，我们将他们称为普通人。只有少数人能够做到普通人做不到的事。当有人做到了普通人做不到的事情，他们在人群中就显得非常突出，如同变身后的超人一样。这并不是因为普通人没有“变身”的能力，只是因为他们缺少动力，没有找到“变身的正确方式”。

古希腊哲学家柏拉图在自己的书中曾经提到过人类可以掌握的知识是无限的，每个人都具有成为超人的潜力，但是同时每个人的身体还藏着一些根深蒂固的惰性，这种惰性让我们不要前进，不要努力，不要将自己逼得太紧。它的存在让我们的潜能始终无法释放，将自己局限在普通人的范畴，最终碌碌无为地过完一生。

为什么穷人家的孩子能够早当家？因为他们面临和受伤的兔子类似的情况：如果无法做到平时做不到的事情，那么他们的生存就会出现问题。

这时逆境就成为一种动力，并且是惰性很难影响的动力，原因很简单：在生存面前，绝大部分人可以战胜惰性。所以穷人家的孩子才能激发自己内在的潜能，从而做到同龄人做不到的事情，完成从普通人到超人的变身。

从运动员训练中我们能够发现同样的道理。

了解运动员训练的人都知道，教练经常安排运动员做负重训练，如常见的负重跑步练习。通过这种方式，运动员的力量会迅速增强，从而让他们在运动场上有更好的表现。可能有人不理解这种训练方式，认为跑步就应该是跑步，为什么要让身体背负额外的重量？

事实上这些额外的重量是为了给身体带来压力，同时也为增强身体力量带来动力，只有这样身体力量才会迅速增强，并且只有在负重不断加大的情况下，我们才能激发身体的潜能，知道自己的极限在哪里。

人生其实也是如此。当我们的生活缺少压力、缺少挑战性时，前进的动力就会减少，自身的惰性就会影响我们，让我们无法发挥潜能。生活的磨难就成为我们最好的压力和挑战来源。

面对磨难，有人会抱怨，有人会退缩，但也有人会迎难而上。这些迎难而上的人不是不害怕，而是在害怕的同时还明白这是自己的机会，一个逼自己一把的机会。

如果不逼自己一把，我们不知道自己能够做得多好，也不知道自己究竟有多优秀。当我们面对磨难，愿意迎难而上时，“变身”就已经开始，在一次次挑战自己极限的同时，我们也完成从普通人到超人的转变。

Part2

寻回本的力量：人、物及关系

第 4 章
释放与解脱：本的潜能

◈ 问题并不是真正的敌人

“天使终究是不会来的。可是我们还有北斗七星。”

——《菊次郎的夏天》

在很长一段时间里，我总是周期性地陷入低谷。当进入低谷期之后，我就会感觉自己的世界一片灰暗，不知道应该如何从低谷期走出来，也不知道低谷期将会持续多久。但是每次我都从低谷期中走出来了。

这也许就是人的韧性吧。虽然有时我们会显得很脆弱，很容易被命运击倒，但是我们在一次次被击倒之后，又一次次地爬了起来。

在被低谷期困扰的时候我曾这样想过：如果我能够让眼前的所有

问题突然全部消失就好了。不过现在面对问题、面对低谷期，我已经能够坦然了。因为问题总是存在的，没有人能够一次性将人生的所有问题全部解决，即使我有能力让眼前的所有问题消失，但还会有新的问题出来填补这些空缺，并且问题还会升级。

命运不可能总给我们准备一些简单的问题，每当解决一个问题，我们的能力就会略有提高，我们也就会遇到一些难度比之前更大一点儿的问题。

玩过网络游戏的人都知道，在游戏中消灭一个怪物就会有更强的怪物在等待我们，游戏公司总会给玩家制造有挑战性的对手，这也是吸引玩家的一种手段。人生其实也是如此，命运就是人生这款游戏的游戏公司，而问题就是不断变强的怪物，人生道路充满曲折。

不过每当我们战胜了问题，从人生低谷期走出来时，我们就会发现前方出现一片坦途，让我们得到了短暂的自由和快乐。我们知道前方依然还有问题和低谷在等着我们，即使这样，生活本身也是值得我们热爱的。

我想起了法国电影《这个杀手不太冷》中的女主角玛蒂尔德问男主角里昂："人生总是这么苦吗，还是只有童年苦？"

莱昂回答："总是这么苦。"

有时我们会认为问题是我们的敌人，这时我们会因为问题而痛苦与焦虑，对它百般抵抗，但是问题是永远存在的，永远得不到想要的安宁。

问题本身并不是我们的敌人，因为问题就是人生的一部分，我们必须学会与它共存，当我们认识到这一点时，就不会再受到问题的困扰，而在问题的伴随下继续我们的人生之路。

约翰・福布斯・纳什是世界著名的天才数学家之一，不过纳什在年轻时患上了严重的精神分裂症，他总是会出现幻觉。在患病之后纳什一心想要治愈自己的精神分裂，但是从来没有治愈过。在妻子的帮助下，纳什终于明白自己并不一定必须治愈病症，因为只要自己处理好和病症的关系，就能继续自己的工作，同病症和平共处。最终纳什凭借不懈的努力和惊人的毅力继续工作，并且在 1994 年获得了诺贝尔奖。而幻觉依然会不时地出现在他的生活中，不过他已经能够不受幻觉的影响了。

类似的事情还发生在著名的物理学家斯蒂芬・威廉・霍金的身上。

21 岁时，霍金被诊断患有肌肉萎缩性侧索硬化症即运动神经细胞病，医生曾经断言他只能再活两年。霍金顽强地活了下来，但是被困在了轮椅上，只有三个手指头和两只眼睛能移动。

然而霍金很快学会了如何同病痛共处：无法说话，他可以使用语音合成器；无法动手翻书、写字，他就使用轮椅上的机器完成这些工作。身体的局限丝毫没有困住他，霍金成为伟大的物理学家。

人生中总是充满了问题，有的问题我们很容易就可以解决，但是有的问题不一样，非常难解决甚至是无法解决，当我们遇到类似的问题之后，很容易就会将所有的注意力集中在问题上，千方百计地想要解决问题，并且在这个过程中形成一种思维：不解决这个问题一切都无法继续。一旦陷入这种思维之后，我们就将问题彻底地摆在了自己的对立面，将它看作自己人生中最大的敌人。

我不否认将某一个问题看作自己人生中最大的敌人，从某种角度来看这是有积极意义的，这种看法会激发我们解决问题的勇气和信心。不过这种看法的消极意义要远大于积极意义。因为人生中的很多问题是无法解决的，如先天生理缺陷、家庭出生环境、无法治愈的疾病等。当遇到这些问题的时候，一旦想要彻底解决问题，就会让自己陷入绝境，因为无法解决问题而失去了对人生的希望。

★ 你没有必要控制一切

道理非常简单，但在现实生活中，我们很难做到与问题和平共处，其根本原因就在于我们内心深处有一个错误的想法：我必须控制一切。

很多时候，我们认为自己可以控制一切，但事实上这是不可能的。这种错误的想法其实就是一种强迫症。

有一个年轻人，他工作非常努力，也非常有上进心。因为他一直想要在事业上有一番作为，所以无论是在哪方面他对自己的要求都非常严格。虽然在这个年轻人的努力下，他的事业一直不断上升，但是他对自己总是感到不满。因为他经常会在工作时出现精神不集中的情况。

实际上每个人的精力都是有限的，当我们精神高度集中一段时间之后，就会不自觉地出现精神不集中的现象，这是人的正常反应，但是这个年轻人不这么看待。

他从网上寻找各种保持精神集中的方法，一一进行试验，还试图通过吃药解决这个问题，不过被医生否决了。将各种方法都尝试过一遍之后，这个年轻人不仅没有达到目的，反而在工作时更容易走神了。因为他在工作时总是提醒自己不要分神，要集中精神工作，但是越强迫自己效果反而越差，他因为这个问题一蹶不振，陷入了绝望之中。

有一个有趣的心理学测试，名字叫“不要想粉色的大象”。

测试开始时实验者会告诉被测试者不要想象有一头粉色的大象在隔壁的屋子里，最后测试者发现这是很难做到的。也许被测试者一辈子都没有想过有一头粉色的大象，但在被告知不要想象粉色大象时，粉色大象就会不断地出现在他们的意识中，这是因为人无法控制自己的意识。那么如何不让测试者头脑中想象有一头粉色的大象呢？简单的方法就是不要告诉测试者有关粉色大象的话题。

案例中的这位年轻人也正是如此，他非常想让自己的精神保持集中，但是越这么想，他就越容易分神。因为人无法控制自己的意识，并且在想控制自己意识的时候，情况反而会变得更糟。

其实分神只是一种正常的生理现象，我们没必要过多干预它，我们也控制不了它，所以最好的方法就是顺其自然，不要总是想要控制自己的意识，这样反而会起到不好的效果。如果我们不仅不能很好地与之共存，而且强迫自己去控制它，反而会让这种正常的生理现象成为一个大问题，困扰我们的生活。

◎ 你身上也有继承而来的“枷锁”吗

“我们都有各种理由去尊敬英雄。有的是因为英雄的胆识，有的是因为勇气，有的是因为善良。但我们尊敬英雄的大部分原因，多多少少是因为我们都幻想着被拯救。当然，要是真正的英雄没有出现，那我们就只能自我拯救了。”

——《绝望的主妇》

一个男孩名叫菲利普，虽然他只有10岁，但是在老师眼中，他是一个标准的“问题学生”，因为他总是无法将注意力放在学习上，同时他还有撒谎、偷窃的习惯。

菲利普有一个非常糟糕的家庭，他的父亲是一个无药可救的酒鬼，同时还有暴力倾向，几乎每天都处于醉酒状态，殴打菲利普和他的妈妈。他妈妈无法忍受，在他3岁时的一个夜晚选择了悄悄离开。从此之后菲利普再也没有见过他的妈妈。妈妈离开后，菲利普的日子更加难过了，因为父亲把怒火全发泄到了他的身上。

菲利普的遭遇引起了邻居的注意，最后邻居报警了，在警察的干预下，菲利普终于离开了家。之后，有几个家庭想收养他，不过当这些家庭发现菲利普有偷窃和撒谎的习惯后，都放弃了收养。

为什么菲利普养成了撒谎和偷窃的习惯？因为虽然在警察的帮助下菲利普离开了父亲，但是童年的经历一直深藏在他的记忆中。那时，为了减少自己挨父亲揍的次数，他选择撒谎；为了不至于让自己饿死，他选择了偷窃。这些习惯都是在父亲的虐待下养成的。

而根据之后的调查，菲利普父亲的童年同样也是不幸的。因为菲利普的祖父同样是个不务正业的酒鬼，也会在喝醉之后殴打菲利普的父亲。菲利普的父亲想要忘记这段悲惨的过去，但是无法做到，因此他也选择了酗酒，并且将在心内深处对父亲的仇恨投射到了菲利普身上，所以虐待菲利普。

这是我在一本心理学刊物上看到的一个案例。从菲利普的遭遇中，我们可以看出童年时期家庭给我们带来的痛苦是可以被继承的，并且如果不加以干涉，这种继承会一代代地传递下去。

★ 枷锁会“代代相传”

我们都知道很多病症是可以遗传的，然而少有人知道痛苦同样能够遗传。当我们童年时期充满痛苦时，这种痛苦就可能在我们成年之后依旧影响着我们。它就像一把巨大的枷锁时刻挂在我们身上，并且如果我们没有意识到或没有采取正确的应对措施，那么这把枷锁很可能伴随我们一生，让我们一生都生活在痛苦当中。

想要打破这种继承的“枷锁”，我们只能亲自动手。面对童年时期遭受的痛苦，无论我们选择逃避还是投射仇恨都没有用，这些痛苦依然会始终笼罩着我们，并且还会传递给下一代。

就像案例中菲利普的父亲那样，他用酗酒、投射仇恨的方式缓解童年的痛苦，但是这种做法让他从受害者变成了一个伤害施加者，并且还让自己的儿子成了和自己一样的人。

没有光明也就没有黑暗，两者是相对而言的。在我们的人生中，光明和黑暗必须同时存在，这才达到平衡，世间万物都是如此，这是宇宙运行的规律。我们无法改变过去已经发生的事情，也不可能做到完全不受其影响，但是受到什么样的影响是我们可以选择的。我们可以选择像菲利普和他父亲那样，成为自己曾经痛恨过的人；我们还可以选择深入分析自己过去的经历，从中学习经验和教训，利用这种经验和教训打破继承的枷锁。

当然，如果过去的经历给我们带来的痛苦太深，想要打破继承的枷锁并不是一件容易的事情，但是并不是不可能。我们要学会和自己对话，减少痛苦对我们的影响。

虽然我们已经长大成年，但是在我们内心深处一直存在另一个自己，这个自己因为受到了太多的伤害，所以一直无法走出阴影，从而影响我们的思想和行为，让我们继承痛苦的枷锁，可以说“过去的自己”就是枷锁的源头。

而我们和自己对话就是为了消除恐惧，接纳与理解，同时化解仇恨，打破痛苦枷锁。

首先，在自己对话时，要原谅伤害过自己的人。打破痛苦的枷锁，需要先学会原谅。

要原谅那些曾经带给我们痛苦的人，如酗酒的父亲。要明白其一切行为并不是自愿的，而是受到了过去的影响才造成的。在酗酒、虐待的背后，他们也有一颗脆弱的心。他们的所有行为都是因为恐惧和对过去经历的愤怒，他们想要改变这一切，只不过用了错误的方法。

其次，我们要正确看待自己的孩子的成长过程。为了不让痛苦的枷锁通过自己传递给孩子，我们需要正确看待孩子的成长过程。

那些痛苦的童年经历，很多时候是因为我们无法达到父母的不合理要求，导致我们被暴力对待。

在成年之后，我们有时候会同样地用暴力对待孩子，这其实是因为我们忘记了孩子只是孩子，他们和成人有非常大的区别。用成人的标准要求孩子，孩子自然很难做到。我们不用为此而感到愤怒，因为我们本来就在要求孩子做些他们做不到的事情，我们需要认识到孩子的成长需要一个过程。

我们还要分清爱和恨。有时我们童年时期受到父母粗暴对待之后，会产生一种错误的想法：粗暴对待其实是父母的一种爱。有一句话是“棍棒底下出孝子”，这就是把暴力当成一种“正确”的教育手段。

一旦我们错误地认为童年的遭遇是父母对自己的爱，就会用同样的方式来“爱”自己的孩子，把痛苦的枷锁传递给下一代。我们要明白，自己遭受的一切都是不公平的，我们有权憎恨。只有在表达了憎恨之后，再学会原谅，才能正确判断对待孩子的方式的对与错。

最后，我们需要直面自己的痛苦。如果童年有痛苦的经历，成年后我们不愿意回忆这些经历，但是又无法忘记，就会选择把这些痛苦经历封存在内心，不承认它们的存在。

这其实是一种逃避痛苦的做法。逃避痛苦是没有任何意义的，我们以为把痛苦封存在内心深处就不会影响自己，但这是不可能的，因为我们无法控制潜意识的活动，所以过去的这种经历会在潜移默化中影响我们。

如果我们无法直面和化解这些痛苦，它们就会像枷锁般牢牢地锁在我们身上，无法挣脱。只有直面这些痛苦，化解它们，我们才能打破继承的枷锁，不再让痛苦延续下去。

◈ 打破牢笼的钥匙：击破痛苦的3个幻想

“花太多的时间去想所剩的时间有多短，反而忘了好好生活。”

——《万能钥匙》

每个人都经受过痛苦。痛苦的意义是什么？

很多年前我的老师对我说：“痛苦其实只是在向我们传达一种信息，信息内容就是——发生了一件和我们意愿相违背的事情。”

而这个信息的作用，就是提醒我们做出改变，改变那些让我们痛苦的问题，这才是痛苦真正的意义。

如果我们能够把痛苦理解成一种疾病症状，就非常好理解了。例如，我们感到头痛，这就意味着我们身体某个部位出现了问题，头痛是为了让我们意识到这一点。那么此时大多数人就会选择看医生，但是医生通常不会给我们开止痛药，因为止痛药虽然能够缓解或者消除疼痛的症状，但只是暂时的。所以医生会让我们做身体检查，检查究竟是哪里出现了问题而导致头痛，再进行治疗，彻底解决头痛。

头痛传递的信息是身体出现了问题，而痛苦则是表达某件事情出现了问题，我们需要寻找引发问题的源头，并解决这些问题。

从痛苦的意义来看，痛苦本身并不可怕，它也不会对我们造成太大的影响。然而很多时候我们并不理解痛苦的意义，当我们遇见痛苦的时候，会不知所措，拼命想要摆脱痛苦，却总是事与愿违。痛苦就像紧箍咒一样，我们越试图摆脱它，它就越让我们难受。

当然，没有人喜欢痛苦的感觉，所以当痛苦出现时，我们出于本能希望摆脱痛苦，这并没有错，但是很多时候，我们在面对痛苦时只关注了痛苦本身，没有意识到痛苦出现所代表的意义，没有意识到应该解决引起痛苦的根源。在这种情况下我们拼命摆脱痛苦自然是徒劳无功，并且还会因此引发一系列心理问题。

我们要想对痛苦有正确的认识，就要改变几个对痛苦根深蒂固的错误看法。只有改变了这些看法，我们才能正确认识痛苦、直面痛苦，并找到引发痛苦的根源。

★ 痛苦者的错误幻想一：我是最倒霉的一个

当我们被痛苦包围时经常会质问上天："为什么偏偏是我？为什么挑中我承受这样的痛苦？"

每个人都有自己的痛苦，我们感觉自己是最倒霉的一个，只是因为我们关注了自己的痛苦，拿自己的痛苦和周围人做比较，却忽视了他人也一样被痛苦包围。

我有一个女性朋友，今年还不到 30 岁，毕业于名牌大学，有一份不错的工作，还有一个非常爱她的男朋友。可就在前一段时间，她感觉身体不适去医院检查，检查结果是肺癌。得知这个消息之后，周围的人都十分震惊，因为她从小就是一个乖乖女，从来没有吸过烟，周围也没有吸烟的人。

但是她患上了肺癌。

在第一次从医生口中得知这个消息时，我这个朋友还不相信，认为是误诊，因为她实在想不出自己有什么理由得这种病。然而在去过多家医院确诊后，她终于相信了，因为医生告诉她："吸烟只会提高得癌症的概率，并不是不吸烟就不会患癌症。"

"这是概率"这句理性得近乎冰冷的话，却出乎意料地缓解了朋友内心的痛苦。

当确认病情之后，我这位朋友开始接受这一事实。她以超乎寻常的毅力冷静下来面对这莫大的不幸。有一天我去医院看她，陪她在小花园散步，她微笑着说出颇具哲理的话："既然所有人都有可能死，那为什么我不能？既然所有人都有概率得癌症，那为什么不能是我？很奇怪，这么想，我就很快平静下来了。现在既然已经确诊了，那剩下的事情就是好好治疗，没有什么好抱怨、恐惧的了。"

如今，我这位朋友已经治疗了很长一段时间，治疗效果非常不错。在身体条件允许的情况下，她还经常和男朋友出去旅游，并准备举行婚礼。我非常羡慕她的豁达，同时也衷心祝福她。

无论我们面对什么样的痛苦，都有无数人曾经或正在经历我们所经历的一切。这只是一个概率问题，没有人是最倒霉的。

★ 痛苦者的错误幻想二：都是当下在让我们痛苦

有时候我们会不自觉地陷入痛苦的情绪中，却不知道为什么。有这么一句话："没有无缘无故的爱，也没有无缘无故的恨。"应在这句话后面再加上一句："同时也没有无缘无故的痛苦。"

任何痛苦都是有根源的，我们之所以有时找不到自己被痛苦包围的原因，很可能是因为痛苦的根源并不在当下，而是在过去，是童年的经历造成的，这也是我们经常说一个人的童年将会影响他一生的原因。

有一对恋人，他们是大学同学，毕业之后两人走到了一起。虽然在外人眼中，他们郎才女貌，非常幸福，但是男孩一直对两人的未来有所顾虑。

女孩长相甜美，非常温柔，男孩当时就是被女孩的这一点吸引。不过当两人成为恋人之后，男孩发现了女孩一个奇怪的特点：一旦女孩感受到了一点刺激或者侵犯时，马上就像换了一个人似的，整个人处于暴怒的状态，甚至有些歇斯底里，似乎想要把惹怒她的人杀死。然而事情过后女孩就又恢复了平时的状态。而当男孩和女孩讨论这件事情的时候，女孩自己也说不出为什么，只是说当受到刺激的时候马上就陷入了一种非常激动的状态，甚至记不清当时发生了什么，只是一心想要将情绪发泄出来。

为什么一个平时看上去非常柔弱的女孩会这样呢？这似乎找不到答案，只能说女孩性格存在缺陷。但是如果我们深入了解女孩的童年经历，就很容易从中找到答案。

女孩的妈妈是一个非常爱打麻将的人，只要一有空就出去打麻将。而女孩的父亲则是一个没有正经工作、每天只会抱着酒瓶喝得酩酊大醉的人。在这样一个家庭里，女孩基本没有人管教。

最糟的是，虽然女孩的父母很少同时在家，但是他们只要同时在家，就会为家庭琐事大吵大闹，甚至大打出手。打完之后，女孩的父亲往往摔门而去，接着女孩的妈妈就会把剩余的情绪发泄到女孩身上。

虽然女孩没有感受过家庭的温暖，但是这也无法改变家庭所构建起来的亲密关系模式。亲密关系可以带给我们安全感，能够让我们把自己的真实情绪发泄出来，但在平时，我们或多或少地会隐藏自己。

这也是为什么女孩平时看起来非常正常，但是当她和男友成为恋人之后，问题就显现了出来。因为她和男友组成了亲密关系，在这种关系下，一旦女孩受到刺激，就很容易陷入童年时期的情境中，将两个环境叠加，所以女孩会极端恐惧，一心想要保护自己，才会出现极端反常的行为。

痛苦的原因并不一定都在当下，很有可能是在过去，如童年。如果我们无法找到自己痛苦的根源在哪里，就无法消除痛苦。

★ 痛苦者的错误幻想三：一切糟糕的事情都是由痛苦而起

有时候我们将注意力集中在一件痛苦的事情上，会将这件事情产生的痛苦影响无限扩大，让它成为所有糟糕的事情的替罪羊。

一个年轻的女孩最近失恋了，同时还碰到一系列不顺心的事情，她非常痛苦，于是打电话给自己的闺密倾诉：

“我在半个月前和男朋友分手了，我感觉非常痛苦，也是因为分手，我最近的运势变得特别差。

分手当天晚上我一个人喝闷酒，喝了很多，结果第二天得了急性肠胃炎，才刚好。这两天领导让我加班赶一个报告，我才分手这么短的时间，还没有缓过来呢，领导就让我加班，我哪有心情。结果今天到了交报告的时间我还没有弄完，领导又把我训斥了一顿，还说要扣掉我这个月的奖金。晚上下班的时候我坐地铁，本来失恋就心情不好，结果还有一对情侣在我旁边悄声说说笑笑，我当时特别生气，于是和他俩吵了起来，最后连警察都来了。你说我最近一段时间是不是太不顺了？都是因为失恋！”

女孩抱怨自己遭遇的一切不幸是因为失恋，但事实真的是这样吗？我看不然。

从女孩的表现来看，很明显她是一个缺乏自控力、对工作不够上心、不懂尊重他人的人，即使没有失恋，她身上也会发生其他事情。所以失恋只是她为自己行为开脱的一个借口，并不是真实的原因，她产生了一个错误的思维：如果没有发生这件事情，一切都会变得美好。

然而事情既然已经发生了就不可能改变，这种错误的想法只会让我们一直痛苦，同时还会成为我们不作为的借口：这件事情既然已经发生了，那么一切只会越来越糟，所以我也就没必要努力，因为我改变不了这一切。

在这种错误的思想下，我们会放纵自己，跌入更深的痛苦，之后形成一个恶性循环。

我们每个人都经历过上面所说的这三种对痛苦的错误幻想，它们也是我们无法直面痛苦的重要原因。

当我们能够彻底改变对痛苦的错误看法，意识到痛苦的积极意义，如警示我们，就会发现痛苦本身并不可怕，只要采取正确的应对方法，就可以很好地处理痛苦。

◈ 做回主宰者：杀不死我的，使我更强大

“此刻该笑吗？”“我们还有权利笑吗？”

——失去女儿的心碎父母

“我永远、永远也不会原谅你！”痛苦的妻子怨恨地对丈夫说。

这对夫妻的感情原本非常好，他们还有一个可爱的孩子，生活非常美满，但是一场突如其来的变故彻底改变了这个家庭。

变故发生在一个平常的周末，这天，妻子想在家教孩子弹琴，而丈夫则觉得孩子还小，每天上学已经够辛苦了，星期天就应该让孩子好好休息，所以丈夫想带孩子去游乐园。

妻子听从了丈夫的意见，一家三口一起去了游乐园，在晚上开车回家的途中，一个喝得醉醺醺的人超速开车闯红灯撞上了他们的车。丈夫和妻子在车祸中只受了轻伤，但是坐在后排的孩子因为伤势过重抢救无效死亡。

我们可以想象孩子的死亡对这个家庭是怎样的打击。丈夫在病房中得知孩子死亡的消息后跪地痛哭，妻子在得知这个消息之后立刻晕倒在地。当她清醒之后的第一件事就是朝着在床边的丈夫狠狠扇了几巴掌，浑身发抖地说：“我永远、永远也不会原谅你。”

妻子瘫倒在地痛哭，之后和丈夫离婚。因为在妻子看来，如果不是丈夫非要带孩子去游乐园就不会发生这次事故，所以丈夫要对孩子的死亡负责，自己也永远不会原谅丈夫。

妻子对丈夫的怨恨其实是一种迁怒，因为妻子无法接受孩子死亡

的事实，因此迁怒于丈夫，让自己的情绪有一个发泄的地方，同时让丈夫分担自己的痛苦。

但是她这样做不但伤害了丈夫，让丈夫陷入更深的痛苦，同时也伤害了自己，因为自己不但失去了孩子，还因此失去了丈夫，并且在之后的一生中，她都会在仇恨与怨怼中度过。

2016 年 12 月的一个平常的午间，我坐在办公室，一边吃自己带的三明治，一边和平时一样打开微博漫不经心地翻看。

直到我看到了一条微博，配图是一张老人的照片，满头白发，巧克力一样的肤色，深深的皱纹，引人注目的是老人忧伤的笑容，于是我细细阅读他的故事。

“结婚 30 周年纪念日前一周她自杀了，早几年我们大女儿死于白血病，而 Holly 很难接受它。我们的关系因此而疏远了，说话都得注意措辞，一切都变得不再自然：‘这样说话对吗？’‘此刻该笑吗？’‘我们还有权利笑吗？’过去不在了，但我仍然认为都还好。我们在酒店开了间房，为了我们的结婚 30 周年纪念日，下班后我本该去那儿跟她会合，但我还没到，她就服了过量的药。她在她的本子上说她不生气，但我不知道她为什么要这样做。我崩溃了，开始酗酒。我丢了工作。有一天，我在做一个报告时产生了幻觉，以为一个客户是 Holly，就停下来叫她的名字。这家公司很好，他们给了我很好的遣散费，但我把那些钱都给了我的孩子们。从那时开始我就一直流落街头，已经 8 年了。孩子们想把钱还给我，但我不要。我晚上乘地铁，如果够暖和，就在长椅上睡觉。我看点儿东西，也写点儿东西。我早上会去排队领点救济，我只是活着而已。我不是个好丈夫，不是个好父亲，现在我是在赎罪。”

我再也吃不下手里的三明治了，我放下三明治把他的故事读了好多遍。

令我印象深刻的是“此刻该笑吗？”“我们还有权利笑吗？”

痛苦像深渊一样，吸走了他们对生活的希望，最可怕的是，他们认为自己失去了重新开始生活的权力，同时把失去女儿的痛苦变成指向自己的愤怒。

这个故事令人心碎，那个老人也许现在仍然在流浪，但是我希望他不再受痛苦的束缚，不再怨恨自己，重新开始自己的生活。

我们怨恨自己和他人的本质是，我们期望能够通过怨恨化解自己内心的痛苦。

然而无论是愤怒，还是怨恨，都只会是一把双刃剑，它不但会伤害他人，还会伤害自己，即使对方受到了惩罚，我们也无法彻底消除这种痛苦。因为我们已经被痛苦和仇恨主宰。

我曾经在网络上看到这样一条新闻，或许可以给我们一些启发。

在伊朗有一位男孩叫巴拉勒，年仅 24 岁的他即将被送上绞刑架。因为 7 年前这个男孩在一场街头斗殴中刺死了一个和自己一样大的男孩。7 年之后巴拉勒最终被判处了绞刑，行刑者是当年被他刺死的那个男孩的妈妈。

在行刑的当天，巴拉勒的脖子被套上了绳索，脚下踩了一个凳子。巴拉勒的妈妈也在现场，她已经崩溃倒地。

此时，当年被刺死的男孩的妈妈只需要走上去把凳子踢开，巴拉勒的生命就将终结，并且这是伊朗法律允许她这么做的。

但是，这位妈妈走上行刑台之后，只是狠狠地打了巴拉勒一巴掌，然后解下了巴拉勒脖子上的绳套，转身掩面而泣。

此时巴拉勒也失声痛哭，巴拉勒的妈妈则跪在了被刺死的男孩的妈妈面前，亲吻这位妈妈的脚面，两位妈妈相拥而泣。

当有记者问被刺死的男孩的妈妈为什么要原谅巴拉勒的时候，这位妈妈说："我经历过失去儿子的痛苦了，所以不想再让另一位妈妈也承受这样的痛苦。"

当我看完这条新闻之后，对这位肯宽恕杀害自己儿子的凶手的妈妈十分敬佩，同时也十分感动。这位妈妈已经接受了自己的儿子死亡的事实，并且不让仇恨主宰自己，不再将自己的情绪投射到其他人身上。

一念天堂，一念地狱。放下屠刀，立地成佛。我们心中的痛苦与怨愤，又何尝不是一把同时指向他人和自己的屠刀呢？

当我们不被愤怒与痛苦控制时，我们就成了它们的主宰者。我们的生命将变成一场真正的修行，而外界所施与的痛苦，如果没有杀死我们，则会使我们变得更强大。

◈ 认清你唯一的压力释放点——解脱那瞬间小心被打到鼻尖

"我觉得生命是最重要的，所以在我心里，没有事情是解决不了的。不是每个人都可以幸运地过自己理想中的生活，有楼有车当然好了，没有难道就得哭吗？所以呢，我们一定要享受自己所过的生活。”

——《新不了情》

每个人都有过焦虑的时光，我也是如此。曾经有一段时间我因为种种原因陷入了深深的焦虑当中，这种感觉很难形容。

就像每天都站在滚烫的铁板上一样，时刻感觉自己脚下有火焰在燃烧，同时还陷入了深深的迷茫当中。虽然我每天都极力想要从迷茫中走出去，但是总看不清前方的路，找不到未来方向。不过好在我很快意识到了自己的问题，在做出适当的调整之后顺利地走出了焦虑。

每个人都会焦虑，引起焦虑的原因也各不相同，但是处于焦虑中的我们就像进入了一个迷宫，拼命地想要走出去，却总是找不到出口。我们被困在迷宫中并不是因为迷宫有多复杂，而是因为我们无法站在一个更高的位置看清迷宫的全貌。如果我们可以看清迷宫的全貌，走出焦虑就会变得简单许多。

想要将自己置于一个更高的位置，我们需要明白两件事情。

第一，我们的痛苦往往源于对过去的执着或者对未来的失望，但是我们很少意识到过去是无法改变的，而未来是还没有发生的，所以我们能够真正控制的只有当下的此时此刻。

第二，奇迹是存在的，英雄也是存在的，但是他们出现的概率非常低。所以我们不要将期望放在他人或者奇迹身上，我们能够依靠的只有自己，我们只能对自己的人生负责。

就像奥卡姆剃刀原理说得那样——越简单的越有效。实际做起来却远没有理解道理那样简单，很多人虽然明白道理，依然不知道如何去做。

事实上，要对抗焦虑和压力，只有一个方法，那就是“Keep calm and carry on(保持冷静持续向前)”。

每个人都不喜欢失败，都想尽可能地避免失败，但是失败是每个人都会经历的，同时也是引起我们焦虑的重要原因之一。既然无法避免，那么在我们付出了辛苦和努力依然失败时，不如尝试拥抱失败，庆祝自己距离成功又近了一步。因为只要用心尝试，总会有成功的时候。

人在一生当中会做无数件事情，其中失败的次数会远大于成功的次数。不同的人的成功和失败的概率也许不太一样，但是失败多于成功是必然的。人生就是如此，失败对每个人都是如此公平。也许我们为了完成一件事情，投入了全部的精力和时间，但是最终得到一个失败的结局。有些事情失败我们可以重来，还可以告诉自己离成功更近了一步，而有些事情则不然。

有些事情我们只有一次机会，一旦失败就没有重来的余地。但是“完美”的人生从来都不存在，“不完美”是生命的常态，也正因为如此，人生才值得我们奋斗。所以这样的失败依然值得我们去拥抱。

当我们学会拥抱失败之后，才会继续前行，敢于不断尝试和努力。

同时，无论何时，我们都要保持自己的生活节奏。

现代人的生活节奏是非常快的，快节奏的生活方式让我们经常感到时间不够用，生活不规律已经成为很多人的一种常态。

例如，将本该睡觉的时间用于加班，将本该运动的时间用于查阅文件。我们陷入这种状态，刚开始会为自己的努力和付出而有所期待，期待美好的未来在自己的努力和辛苦下到来。但是现实往往是残酷的，在经历这样一段时间之后我们并没有看到成绩，疲惫感汹涌袭来，身体状况开始下滑，焦虑也就此产生。

身体永远是我们最宝贵的资产，也是经不起损失的重要资产。当我们在该睡觉的时候没有睡觉，该运动的时候没有运动，会因此感到疲惫。在身体疲劳的状态下我们还强迫自己加班工作，只会大大降低工作效率，增加对工作的厌恶感。因此，我们需要保持有规律的生活节奏。

保持生活节奏，其实非常简单。大部分人每天都需要 8 小时睡眠，按时吃健康的三餐，每周运动 3 次以上，我们满足这些就可以了。时间不够不能成为生活不规律的理由，因为时间对每个人来说都是公平的，一天只有 24 小时。而大多数人可以利用这 24 小时规律地生活，做不到的人是因为不会管理自己的时间。

压力的来源有很多，但在这些原因背后有一种匮乏感在影响我们，让我们感觉自己什么都缺少，包括时间、金钱、精力、智慧、快乐等。当我们被这种感觉笼罩时，注意力与焦点就集中在我们缺乏的事物上，忽视了对周围人的关心。此时我们心中有这样一个隐性思维：我自己都过不好，为什么还要帮助其他人？

初看上去这种思维似乎有些道理，但是当我们发现隐藏在压力背后的匮乏感时，就会明白这种思维实际上加重了我们的焦虑。当我们把焦点集中在自己认为匮乏的事物上时，会受到焦虑情绪的影响，通常我们会无限放大这种匮乏感，从而使自己的焦虑更加严重。

因此，当我们因为压力而感到焦虑的时候，不妨尝试把注意力转移到他人身上，试着帮助他人，关心他人。当我们帮助他人时，引起压力和焦虑背后的匮乏感就会大大减少，焦虑情绪随之消除。这实际上是一件“赠人玫瑰，手有余香”的事情。

每个人的能力不同，所以帮助他人的方式也不同。

我们资助偏远山区的孩子是一种帮助，我们给神情沮丧的陌生人一个充满友好的微笑也是一种帮助。帮助他人的方式不同，但相同的是我们通过自己的力量让他人感受到了美好，同时也帮助自己告别了焦虑。

第 5 章
感觉与觉醒：勇敢才是本能量

◈ 尊严是自己给自己的，自尊的人才有被尊重的可能

“没有自我尊重，就没有道德的纯洁性和丰富的个性精神！对自身的尊重，是一块磨炼细腻感情的砺石。”

——苏霍姆林斯基

一个小男孩非常喜欢小提琴，但是他家太穷了，无力负担，小男孩自己也知道，所以只是喜欢，从来没有向父母提过任何要求。后来，父母节衣缩食给他买了一把小提琴，小男孩非常高兴，每天都认真练习。

数年之后，小男孩已经长大。虽然他的小提琴技巧不错，但毕竟没有经过正式学习，所以无法突破瓶颈。正巧此时传来一个消息：在

遥远的另一座城市，一所著名的音乐学院正在招生，对资质非常优秀的学生免收学费。这对于一直饱受贫困困扰的年轻人来说无疑是个好消息。

于是年轻人四处筹集路费，带上自己破旧的小提琴去了那所音乐学院所在的城市。面试时，年轻人因为太过紧张而没有发挥好，音乐学院拒绝了他免交学费的请求，只是给予他进学院学习的资格。年轻人非常伤心，因为他连回家的路费都没有，更不用说交高昂的学费了。

伤心的年轻人走出学院，在离校门口不远的一个地方拿出了自己的小提琴，将琴盒放在自己的面前，开始演奏，他需要给自己筹集回家的路费。

他站在原地演奏了一首又一首曲子，旁边围观的人越来越多，不断有人往他的琴盒里放钱。这时，有一个穿着非常阔气的人走到年轻人的面前，粗鲁地打断了他的演奏，用非常高傲的口吻问年轻人从哪里来的、为什么在这里演奏。年轻人不卑不亢地回答了对方的问题，富人似乎对年轻人回答问题的态度有些不满，从钱包里拿出了一张大额钞票，扔在了年轻人的面前。

年轻人弯腰捡起钞票，平静地对富人说：“先生，你的钱掉了。”并把钱还给了富人。然而，富人接过钱后再次扔到了地上，傲慢地对年轻人说：“这是我给你的钱，现在已经是你的了。”

年轻人依然平静地说：“非常感谢您对我的资助。刚才您的钱掉了，我给您捡了起来，现在我的钱掉了，麻烦您也给我捡起来吧。”

富人非常震惊，他呆呆地看了年轻人一会儿，收起了自己的傲慢，将地上的钱捡了起来，放到了年轻人的琴盒里，对年轻人说：“你是一个值得尊重的人。”说完，富人转身离去。

这时人群中又走出一个人，年轻人仔细一看，发现这个人正是自己考试时的主考官。

这位主考官走到年轻人的面前，对他说：“我想你刚才演奏的水平才是你真正的水平，下午还有一场考试，你可以再来尝试一下。”

事实上，虽然音乐学院的主考官听了年轻人的演奏之后就知道早上他发挥失常了，但是并没有想再给他一次机会的想法。然而，当他看到年轻人尽管如此贫穷，却依然能够保持自尊，在傲慢的富人面前不卑不亢地维护自己的尊严时，主考官明白，这不是一个普通的年轻人，他一定会有出息的。

年轻人在第二次考试时不再紧张，发挥了自己应有的水平，成功获得了免费入学的资格。最后他成为一位著名的音乐家。

尊严，永远是我们自己给自己的，也只有一个自尊的人才能获得他人的尊重。原因很简单，如果一个人对自己都不够尊重，那他人又有什么必要去尊重他呢？

现实生活中我们每个人都希望能够得到他人的尊重，但是事情的发展往往和我们预想的有所差距。也许我们的某些言行被他人误解；也许我们无意间的确做错了一些事；也许我们遇到了不如意，跌入了人生的谷底；又或者我们什么都没有做，但就是会有人以各种理由蔑视我们，想要在心理上将我们击垮。

面对这些轻视，大多数人的做法是正面反击、针锋相对，直接攻击对方；有些人也会选择忍气吞声，不与他人争执；而极少部分人会自暴自弃，完全不在乎他人对自己的态度。

然而，无论我们选择这三种做法中的哪一种，都不会因此获得他人的尊重。

正面反击、和他人针锋相对，只会激化双方的矛盾，引发更激烈的冲突；忍气吞声、不与他人争执，也只会让对方更加轻视我们；而如果我们选择自暴自弃，也许对方以后就不会再轻视我们了，因为对方根本不愿意和我们再进行任何交流了。

面对轻视的时候，也许我们可以像那位拉小提琴的年轻人一样，从容面对，以不卑不亢的态度和行为维护自己的尊严，向他人展示自尊，只有这样才可能获得他人的尊重。

人生有时就是很无奈，命运有时像一个调皮的孩子，总喜欢捉弄一下我们，给我们制造各种各样的困难。这是谁也无法控制也无法改变的。也许命运让我们变得一无所有，也许命运让我们苦难缠身，甚至命运能随意夺走我们的生命，但命运无法夺走一样东西——我们的自尊。

面对人生的无奈，有些人总能心平气和地从容面对，无论面对什么困难永远不卑不亢，始终维护自己的尊严，这是一种难能可贵的精神境界，也是一种崇高的精神境界，这样的人无论在什么情况下都能得到他人的尊重。

◈ 和坏习惯挥别：你曾经带给我收益，但是现在你该离开了

“你还有别的事情要做吗？现在你的人生空虚到找不出别的事情

要做吗？别宅在家里了，别再疯狂购物了。开始属于你自己的人生，证明你是一个活生生的人。”

——《搏击俱乐部》

玲玲在一家公司里从事行政工作。在上学时，玲玲就养成了事事拖延的习惯，虽然这种习惯曾经给她带来无数次麻烦，让她立下的很多目标都无法实现，可她就是改不了。

例如，周一早晨，部门领导让她写一份调查报告，要求在周五下午公司开例会之前提交。

这项工作并不复杂，领导给的时间也是非常充裕的，玲玲只需要每天抽出半小时到一个小时专心致志地工作，周五前就必然能够完成。可是，玲玲的拖延症又犯了。

周一和周二，玲玲认为时间还非常多，不用着急。

周三，玲玲准备开始做这项工作，不过打开电脑文档刚写了几十个字，就又开始浏览网页，之后又和朋友 QQ 聊天。周三就这样过去了。

周四，玲玲早上下定决心今天要好好着手这项工作了，不然明天怕是完不成了。

于是刚到办公室，玲玲就打开电脑开始工作，不过工作不到 10 分钟，玲玲突然想起来，自己信用卡账单应该来了，于是她又放下工作，到邮箱查看信用卡账单。看完账单再查看账单明细，再到信用卡官网查看积分，之后开始逛积分商城，将自己的积分都用掉。

当玲玲终于千挑万选找到合适的兑换商品以用掉信用卡积分时，

一上午时间已经过去了，她的工作还是毫无进展。

而下午刚好赶上部门开会，玲玲没有时间工作。就这样，工作一直拖到了周五上午。

到了周五上午，玲玲感到时间紧张了，因为下午四点就要开公司例会了。这时玲玲才开始真正着手这项工作，在键盘上噼里啪啦地敲个不停，期间连上厕所都是小跑着去，同时她还要处理一些临时工作，一上午忙得不可开交。

到了中午，玲玲的工作还差一大截，于是她只好让同事帮忙带饭，自己一直在办公室里加班。就这样，玲玲紧赶慢赶终于在公司例会开始前将调查报告完成了。

领导看到了玲玲中午在公司加班忙得顾不上吃饭的事情，下午开会时特意表扬了玲玲。但是只有玲玲自己知道自己如此忙碌的原因，她下决心要改掉这个习惯。

每个人都有一些坏习惯，虽然我们知道这些坏习惯会给我们带来不好的结果，但是很难改正这些坏习惯。为什么？只是因为惯性吗？表面上看起来似乎是这个原因，但是我们深究之后就会发现这个答案非常表面化，而我们之所能和坏习惯和谐相处，是因为我们都曾经从坏习惯中受益。

在此之前，玲玲还有无数次类似的经历，领导和周围的同事也不止一次看到她加班，对她赞扬有加，这种赞扬就成为拖延的奖励。虽然玲玲自己没有意识到，但是从她多次想要改变而没有改变，就可以看出来这种奖励强化了她的拖延习惯。

想要彻底摆脱坏习惯，我们先要了解习惯是怎样养成的。

当我们的某种行为获得收益后，这种行为就被强化了一次。不过一次强化是无法形成习惯的，如果在此之后，这种行为又多次地获得收益，得到了多次强化，就会形成习惯。

习惯一旦形成，即使偶尔一次没有收益，我们也不可能立刻改变行为。而随着收益强化次数的增加，习惯也就更加牢固，也就更加难以更改。

这样听起来，习惯的养成有些类似于条件反射，事实也正是如此。

每个人都知道自己身上有坏习惯，每个人都想要改变身上的坏习惯。如何改变自己，我在之前的章节提到过，所以这里不再讨论。这里我们需要讨论的是当我们抛开坏习惯之后应该怎么做。

实际上，如果我们只是抛开了坏习惯，并不意味着能获得最终的胜利，因为我们没有建立一个好习惯替代坏习惯。坏习惯就像一个充满了诱惑的苹果，不断地引诱我们重蹈覆辙。所以在抛开坏习惯之后，我们首先要做的，就是建立一个替代过去坏习惯的好习惯。

用一个截然相反的新习惯替代过去的旧习惯，绝对不是一件容易的事，所以我们需要运用一些策略完成这一步骤。

★ 策略一：从简单的事情做起

在养成新习惯的开始阶段，我们不用给自己太大的压力，即希望能够一次性养成好习惯。

心理学研究证明在习惯的维持过程中并不需要特别自律，但是在最初的习惯养成阶段，自律却会起到重要的作用。而自律同体力和精力一样都是限度的，所以养成新习惯是很难“一步到位”的，因为自律不足，所以我们要循序渐进。

★ 策略二：每天完成一件自己承诺的事情

我们大多数人会经常对自己做出承诺，但是真正实现的又有多少呢？答案是很少。这些承诺不可能在短时间内完成，但是我们可以逐一实现，每天选择一件自己承诺过的事情去做，承诺实现之后产生的喜悦之情就是对我们信守承诺的强化。如此往复，遵守承诺就会形成一种习惯，这有助于我们建立新习惯。

★ 策略三：不要同时让自己养成多个习惯

无论好习惯还是坏习惯的养成都需要一个过程，同时需要我们的自律参与。所以不要试图在短时间内养成多个好习惯。当一个好习惯经过多次强化已经足够稳定之后，再去培养下一个习惯。同时养成多个习惯只会毫无结果。

只有当我们养成一个好习惯以代替过去的坏习惯时，才算是真正和坏习惯挥别。只抛开旧有的习惯而不养成新习惯，很可能只是和旧习惯“小别”。

◈“喜欢”是一个甜蜜的陷阱：别让“喜欢不喜欢”迷惑你的心智

“谎言会包含真理？带着假面具的真理是谎言？真理和谎言，生命和死亡，只是一个黑白变换的游戏。充满爱的沉默不比阿谀奉承更宝贵吗？”

——《李尔王》/莎士比亚［英］

有一天，我刚上初中的小侄子给我打电话，问我一个谜题。

他说：“我正在打游戏，游戏里给我出了一个谜语。谜语是‘谎言会包含真理？带着假面具的真理是谎言？真理和谎言，生命和死亡，只是一个黑白变换的游戏。充满爱的沉默不比阿谀奉承更宝贵吗？’谜底应该是莎士比亚的一出戏剧。”

我说：“这个谜语写得很有意思啊，充满爱的沉默不比阿谀奉承更宝贵吗？嗯……这出戏剧应该是《李尔王》。”

过了一会儿小侄子对我说：“没错，就是这个。不过我很好奇，《李尔王》到底讲了什么故事啊？我觉得这个谜语非常有哲理。”

于是我简短给他讲了讲李尔王的故事。

《李尔王》是英国历史上杰出的剧作家莎士比亚的代表作之一，也是莎士比亚创作的四大经典悲剧之一。

《李尔王》的主人公是年老的古代不列颠国王李尔王，故事的开始，李尔王已经年老昏聩，他想要将自己的土地分给三个女儿，但不是平均分配，而是按照每个女儿爱自己的程度来决定她获得土地的多少。

李尔王的大女儿和二女儿为了获得更多的土地封赏，费尽心机地赞美李尔王，让李尔王认为自己才是最爱他的。只有李尔王的小女儿没有这么做，因为她对父亲李尔王的感情是最朴实、最诚实的，因此她也就用了最朴实的话语来表达自己对父亲李尔王的爱戴。

和大女儿、二女儿的甜蜜赞美相比，小女儿的话实在太平淡了。李尔王只爱那些无比甜蜜的赞美，不喜欢朴实无华的表达。所以李尔王怒斥了小女儿，将她驱离了宫廷，远嫁到法国，让自己的大女儿和二女儿两人平分自己的土地。

当李尔王的大女儿和二女儿获得土地封赏之后，两个人马上露出了本来的面目，对李尔王百般怠慢和折磨，并将李尔王赶出了宫廷。这时李尔王终于意识到自己当初有多么愚蠢，但是一切为时已晚。就在李尔王感到非常痛苦的时候，一个陌生人来到了他面前，李尔王将自己的经历告诉给了这个陌生人，并且告诉陌生人自己非常后悔当初误解了小女儿，但是一切都已经晚了，小女儿肯定不会原谅自己。

这时陌生人对李尔王说他的小女儿从没有怨恨过他，小女儿对他的爱戴也从没有改变过。原来这个陌生人就是李尔王的小女儿，当初父亲将她远嫁法国后，她的真诚得到了法国国王的欣赏，她成为法国的王后。当得知父亲的遭遇之后，李尔王的小女儿非常担心父亲，于是化妆四处寻找自己的父亲，并准备带领军队讨伐英国。

最终，英法军队交战，法军战败，李尔王的小女儿被英军俘虏。对方宣布要处死李尔王和他的小女儿，虽然李尔王杀死了想要暗杀小女儿的凶手，但是一切已经太晚，小女儿还是死了。

李尔王终于明白自己当初的过错已经无法挽回，最后郁郁而终。

这是一个让人看完无比伤感的戏剧，而造成悲剧的原因是因为一个人被自己“喜欢和不喜欢”迷惑了心智，从而做出了错误的选择。

我对小侄子说："李尔王的遭遇是一个不折不扣的悲剧，但是这个悲剧是由他自己一手造成的。他喜欢大女儿和二女儿的花言巧语，不喜欢小女儿的诚实质朴，于是错误地将小女儿远嫁法国，才造成了最后的悲剧。"

小侄子听完之后，沉默了一会儿，对我说："李尔王一开始的选择可以理解嘛，谁都喜欢听好听的话。"

我说："可是，如果我们只按自己的喜好做判断，别人就会迎合我们的喜好来利用我们啊。就算别人不利用我们的喜好，我们的喜好也是充满偏见的啊。"

我们每个人都有独立的思维能力，这种能力让我们对人和事有自己的主观判断，之后我们就会基于此判断自己是否喜欢一个人或一件事情。

这时我们就会发现自己的"喜欢"与"不喜欢"更大程度受到主观意识的影响，而并不是基于理性判断。因此，很多时候我们的心智就会被这种主观判断迷惑，从而做出错误的决定。

我曾经问过周围朋友一个问题："你是否曾经因为自己的主观判断（喜不喜欢一个人或者一件事情）而付出了代价？"

所有朋友听完这个问题之后都给出了肯定的答案。

在还是孩童的时候，我们很多人喜欢看电视、喜欢玩游戏、喜欢四处闲逛……我们不喜欢上学、不喜欢吃蔬菜、不喜欢按时睡觉……虽然那时我们有自己的喜欢和不喜欢，但是也有父母的约束和管教，所以我们依然要上学、要吃蔬菜、要按时睡觉……去做那些自己并不喜欢的事情，而不是一天到晚看电视、玩游戏、四处闲逛……

当我们成年之后再回头看这些时，就会庆幸当时有父母的约束和管教，没有让我们完全按照自己的喜欢和不喜欢做事。所以现在我们才能拥有一个好身体，在社会上有自己的立足之地。假如小时候我们完全按照自己的喜好做事，那么如今一定是另一个结果了，并且这个结果一定是悲剧的，就像是李尔王那样。

从另一个角度来看，我们可以将世界看成一个巨大的系统，而我们每个人都是这个系统中的一部分，没有人能够游离于这个系统之外独立存在。这就导致我们的每个行为都并不只对自己产生影响，还会对系统中和我们相关联的其他人产生影响。

人和人之间的关系有时很奇怪，有时我们明明对一个人并不了解，但是初次见面就不喜欢对方。

为什么我们会在初次见面时就不喜欢对方？这个理由很难说清楚。但是可以确定：此时我们的不喜欢完全是受到主观意识爱憎的控制。

因为不喜欢对方，所以我们就会用不友好的态度对待对方，或者尽可能地远离对方。然而，当我们以不友好的态度对待一个人时，对方自然也会用同样不友好的态度来对待我们。

此时我们的主观爱憎就为我们竖立了一个敌人，这将严重影响我们的人际关系。

只有当我们学会摒弃自己的“喜欢和不喜欢”，用客观理智的态度看待周围的人和事情，用包容的态度和所有人相处，我们才能拥有良好的人际关系。

一个人的心胸越开阔，他与其他人的关系就越好，他受到的限制也就越小，他的世界也就越开阔。

无欲则刚，当我们将爱作为我们衡量世界的标准时，这时的我们是狭隘且虚弱的，限制我们的是自己内心的主观喜爱。当我们不再受主观爱憎的束缚时，我们更自由，也更强大。

◈ 做自己的安抚者：照顾我们内在的小孩

“人心其实很脆弱，所以我们要经常哄哄它，经常把手放在心脏旁，对自己说：平安无事，平安无事，平安无事……”

——《三傻大闹宝莱坞》

在童年时期，我们对世界的了解还非常有限，所以无法对事物产生独立看法，此时父母就成为我们的老师。在父母的长期影响下，我们会形成一种思维定式。一旦这种思维定式形成之后，会时刻影响我们的思想和行为，这就是内在的小孩，即使我们长大成年也无法改变。

而如果童年时期我们内在的小孩受了伤，这种伤痛也将会持久影响我们，不会随着我们年龄的增长而消失。在它的影响下，有时我们会做出一些事后感到万分后悔的事情，但是等我们意识到犯下错误时已经晚了。

在美剧《纸牌屋》中有一个角色叫彼得・罗素。他年纪轻轻就成了众议员，并且还将参选宾夕法尼亚州州长，可以说是年轻有为。然而就是这个看上去年轻有为的人却屡次酗酒，并在最为关键的时刻放纵自己，前途尽毁。

很多观众对此十分不理解：为什么这样一个年轻有为的人会屡次自毁前途呢？

电视剧中给出了答案。

电视剧中有一个情节是彼得·罗素去医院看望他的妈妈。彼得非常兴奋地告诉妈妈自己将要参加宾夕法尼亚州州长竞选了，明天他将会向选区的人宣布一项计划，这项计划能够提高就业率，从而获得选民的支持。

然而他妈妈的反应却是一脸厌烦："这些事情我一窍不通，我听不懂。"

彼得告诉妈妈她可以从新闻上得知这一消息，自己只是想先告诉她。

然而妈妈依然冷漠地回答他："我早不看新闻了，全是垃圾。"

彼得接着问妈妈是否想看自己两个孩子的照片，妈妈对此的回答是："太暗了，看不清。"

彼得告诉妈妈照片在自己的手机里，说着便准备将手机放在妈妈眼前，然而妈妈却一把将手机推开，对彼得大吼："拿远点，我讨厌那些东西，会致癌。"

从这个情节中我们可以看出彼得非常孝顺自己的妈妈，可惜的是他有一个糟糕的妈妈。我们不难判断出他有一个糟糕的家庭。

这一切都让彼得的内在小孩非常痛苦，并且他把这种痛苦转化成了愤怒。但是彼得是一个孝顺的孩子，他无法将愤怒发泄在妈妈身上，所以他选择了将愤怒发泄在自己身上，虽然他自己并没有意识到。

最后造成的结果就是无论彼得的事业多么成功，他都无法停止酗酒。因为他已经陷入了自毁状态，内在的小孩让他一次次地毁灭自己。

愤怒来自恐惧，愤怒也让我们失去理智，于是我们便将自己完全交给内在的小孩去支配。

每个人都希望自己的童年可以无忧无虑地度过，但有时命运就喜欢和我们开玩笑，让我们在童年时遭受各种各样的磨难。这些磨难让我们内在的小孩受了伤，他潜藏在内心深处独自哭泣。

我们曾经一度以为长大之后这一切就都过去了，但是事实并不是如此，那个我们体内的受了伤的小孩无时无刻不在影响我们。

我们其实知道他的存在，但是我们惧怕他，不断地打压他，假装他不存在，这些都是为了不让他重见天日。然而随着时间的推移，内在小孩的能量越来越大，让我们的心理防线彻底崩溃，在内在小孩的影响下做出一些错误的事情。

我们因为惧怕和不承认内在小孩，所以他一直潜藏在我们内心阴暗处，始终对周围的一切保持高度警惕，不断产生负面情绪影响我们。所以，想要改变这种情况，我们首先要做的就是联结自己的内在小孩，不再惧怕他，最重要的是，我们要承认他的存在。

当我们同内在小孩建立一种良好的关系后，我们就成了自己的最佳安抚者，我们内在的小孩才能得到疗愈，继而走出阴影，不再一个人在黑暗中哭泣。

第6章
接纳：本的智慧

◈ 接受自我，接纳万事万物

“请充分利用你的感官。定静在原处，环顾四周，但是看看就可以了，不要去做任何分析与解释。观察光线、形状、颜色、质感等。关注每个东西宁静的临在，关注那个容许所有事物存在的空间。倾听声音，但不要去判断它。聆听声音之下的宁静。触摸一些东西，任何东西，感觉和认可它们的存在。观察你呼吸的节奏，感觉空气的流入流出，感觉在你体内生命的能量。允许外在和内在所有事物的发生，接受万物的‘本来面目’，深深地迈进当下时刻。”

——《当下的力量》/ 埃克哈特 · 托利［德］

我在朋友圈看到了一首有关接纳的诗《看见》，作者是胡榭华，我觉得写得非常好，在这里分享给大家。

我看见你的冷漠
却想去温暖这个冷漠
我看到
其实我还没接纳你的冷漠
我看见你的痛苦
却想去结束这个痛苦
我看到
其实我并没有陪伴你的痛苦
我看见你的自私
却去评判你的自私
我看到
其实真正涌动的是我的自私
我看见你的愤怒
却想躲开你的愤怒
我看到
其实我没有允许你可以愤怒
我看见你的焦虑
却去担心你的焦虑
我看到
其实我已开始陷入焦虑
我看见你的无力
却不知道要伸哪只手来抱你

我看到

其实当下我也无力

我看见你的美丽

并欣赏着你的美丽

我看到

当下我也开始美丽

这首诗写的就是接纳的智慧。我们不愿意接纳别人，不愿意接纳别人的情绪和行为，实际上是我们不能放弃控制。只有学会真正的接纳，我们才能根除自己的控制欲。

只有当我们无法接纳一件事情的时候，我们才想要去控制事情的发展。如果我们已经能够接纳万事万物，那么就不需要控制任何事情的发展了。

我们很多人都对自己或者周围的一切有着这样或那样的不满，所以想要控制这些让我们感到不满的事情，以使其回到我们所希望的发展轨道。但是有时我们越想控制却越糟糕，对我们的不利影响就越大，问题就此产生。

例如，当我们的至亲之人身患绝症，这件事情就是我们无法接受的，我们会想尽一切办法试图改变事情的发展轨道。

但是生老病死是自然规律，无论我们如何努力，都无力改变最终的结果，所以当我们意识到自己的努力毫无作用时，就会陷入无尽的痛苦之中，同时对自己产生怀疑。

而当我们失去亲人之后，痛苦再次袭来，这也是我们无法控制的。因为无论我们如何压抑自己的情绪，这种痛苦都始终在我们内心深处影响着我们，并且有可能导致一些不理智的行为发生。

有一位作家说过这样一句话："人的一生中有两个生日，一个是自己诞生的日子，一个是真正理解自己的日子。"

人最难理解的总是自己，很多时候，我们做出了一个又一个错误选择，在事后回想时，虽然意识到这是错误的选择，但是不知道自己究竟为什么这么做。但是理解自己又是一件非常简单的事情，它很可能在一个不经意时候就发生了，我们突然能够理解自己了，能够发现自己的局限性了。

我的一个朋友曾经告诉我，她知道自己是一个非常缺乏安全感的人，无论当下拥有什么，内心总是充满了担忧，担忧自己失去现在拥有的一切。这种不安全感让她每天都生活在惊恐中的，但是她却不知道自己缺乏安全感的原因。

虽然科技已经高度发达，但是从某种角度来看，人类的力量还是非常有限的，有很多事情是我们无法控制的。

有一个男孩患有严重的神经官能症，每次和女孩说话他都会感到非常紧张，他希望控制自己。他不断地提醒自己不要紧张，结果呢？在男孩的极力控制下，他确实改变了事情的发展——在女孩面前，他紧张得更严重了，甚至到了无法正常和女孩交流的地步。

有时，我们越是不愿意接纳不够完美的现实，结果就越背道而驰。

很多父母有非常强烈的控制欲，这种控制欲通常来源于对孩子的爱，父母越爱孩子，就越想控制孩子的一切，却不知道这种做法只会让双方之间的关系越来越糟。

对所有父母来说，青春期孩子的叛逆都是一个非常令人头痛的问题。而一些父母对此的应对方法就是“高压政策”，孩子越叛逆，父母控制得越严，父母越想控制孩子，孩子越想要挣脱父母的控制。

每个人都是独立的个体，没有人心甘情愿被他人控制，而在青春期的孩子身上，这个特点更加明显。最终父母和孩子就陷入了一个死循环——孩子不听话，父母加大控制力度，孩子更加不听话，父母再加大控制力度……最终的结果多半就是孩子彻底地失去控制，成为一个实至名归的“问题孩子”。

有时我们的不接纳，是不接纳自己，不接纳自己的普通，不接纳自己的弱小。

例如，一个身体非常强壮的人，还学习过武术，平时展示的都是硬汉形象。他多次见义勇为，遇到不平之事就前去干预，而大多数时候其他人看到他健壮的身姿就灰溜溜地跑了。

一天，这个人坐大巴车去外省游玩，结果在高速公路上发生了车祸。车辆在高速行驶的状态下撞向了路边的护栏，之后发生了侧翻，幸运的是全车人没有受重伤。

大家互相搀扶着从车里爬出来，有的人愁眉苦脸，有的人吓哭了，这个平时看上去非常勇敢坚强的硬汉从车里爬出来之后，看到几乎报废的汽车，瞬间就崩溃了，他比任何人崩溃得都严重。

原来这位硬汉小时候是个非常胆怯的孩子，习武、健身让身体变得非常强壮，都是为了让自己变得强大，并且他总是刻意地表现出非常勇敢。“我不再胆怯，因为我很强大。”他这么告诉自己。

但是当他从车祸中幸存下来，看到几乎报废的汽车后，他突然意识到自己锻炼身体也没办法防止人生中某些灾难的发生，他仍然非常胆怯害怕，这时，他的强大幻想被击破了，他彻底崩溃了。

控制欲只会让事情越来越糟，不会让事情朝着我们预期的方向发展。

前面提到的那个与女孩交谈就会紧张的男孩，他之所以会紧张，就是因为他无法接纳自己和女孩交谈时候的表现，他想要控制交谈的过程。如果男孩能够接纳自己的表现，不再关注自己的紧张，那么随着交谈次数的增多，紧张就会自然而然地消失。

父母面对叛逆期的孩子时，只有先接纳孩子的躁动和不安，认识到这只是孩子人生的一个必要阶段，之后才能走进孩子的内心，了解他们想要的是什么，最后再引导孩子树立正确的三观。

那个身体强壮但内心非常胆小的男人，一味地控制自己，强迫自己变勇敢，只会在发现自己仍然胆小脆弱时崩溃。如果他能够接纳自己的不完美和胆小，然后在接纳的基础上进行改变，一步步让自己变得坚强和勇敢，那么结果会不会变得更好一点？

◈ 接纳带来的奇迹

“任何被你完全接受的事情将会把你带进宁静状态。这就是接纳的奇迹。”

——《当下的力量》/ 埃克哈特 · 托利［德］

电影《搏击俱乐部》中有这样一句话：“Losing all hope was

freedom.”（彻底绝望意味着自由）。

这句话，其实讲的是接纳的智慧。

很多人都被过去的事情所困扰。虽然这些事情已经发生过了，但是它从没有结束，而是时不时地出现在我们的脑海中，想象当时如果自己应该这么做就好了，或者如果当时自己没这么说就好了。

我们就如同电影导演一样，会在头脑中拍摄一部有关这件困扰之事的电影，只不过我们会多拍摄出几个结局，在头脑中不断地回放。

于是我们始终沉迷在对过去的事的幻想之中。然而过去已经过去，我们没有操控时间的能力，无法改变事情的结局。愤怒也好，抱怨也罢，这些对过去的事都无任何作用，反而会增加当下的负面情绪。当我们负面情绪过多的时候，就更容易吸引那些糟糕的事情上门，让我们的情绪变得更加糟糕。

我遇到过无数因为过去而痛苦不堪的人。总有一些人或者事情是我们不愿意遇到、不愿意经历的。但是我们无法控制这一切，所以我们感到失望、愤怒和痛苦。

经常有人会向我倾诉过去的故事，当他们倾诉完之后就会问我：“我应该如何面对这些事情？”

通常我会这么回答：“接纳过去。”

答案就这么简单，这也是唯一的方法。

可能有人会想：这些事情让我无比痛苦，我怎么可能接纳？

但是，如果不接纳，我们又能做什么呢？

我们很多的观念都源自从小接受的教育。一直以来我们都用这种观念作为衡量自己的标准，然而有时候这些观念却并不一定是正确的。

有一个女孩告诉我，她现在非常痛苦，而痛苦的原因是她总是很悲观，完全没有理由地悲观。她从小接受的教育是要做一个快乐的人，只有快乐的人才是幸福的，总是悲观面对生活的人是不好的，将会一事无成。

由于女孩知道这些，所以她就想要改变，和自己对抗，努力让自己变成一个乐观开朗的人，似乎只有乐观开朗的人才是一个正常人。

然而她失败了，无论如何努力，也无法做到让自己快乐起来。强行想要改变自己却无果的经历反而让她变得更加悲观，这导致在很长一段时间里，这位女孩都无法面对真实的自己。

大多数人都以为我会开导这个女孩，但是我没有。

我告诉她："你的痛苦是因为你认为悲观是不好的，而不是因为悲观本身。既然你已经尝试过改变却没有成功，为什么不接受自己就是一个以悲观为常态的人呢？也许你接受了这一点，反而不会再感到痛苦了。"

我并不是说以悲观为常态是好的、是正确的。但是人无完人，很多时候我们的痛苦就源自无法接纳不完美的自己，只有学会接纳不完美的自己，才能化解这些。

我可以和大家分享一个自己的经验：把过去那些让自己感到痛苦事情看作必须经历的，同时也是可能给我们带来转机的事情。

也许刚开始我们只能强迫自己接受这一观点，因为我们看不到转机究竟在哪里。但是可能一段时间之后转机就在不经意间出现了。这时我们会感觉自己从过去的阴影中走了出来，变得更加自由了。

一个单亲妈妈一直和女儿生活。从女儿小时候起，她就对女儿要求十分严格。规定她出去玩只能和谁玩，过多长时间必须给妈妈打一个电话汇报情况，规定每天必须按时回家……总之，妈妈要随时掌握女儿的一切，让女儿按照自己为她规划好的人生道路前进。

就这样，女儿成为一个乖乖女，凡事听从妈妈的话，认真学习，从来不和妈妈不允许的人接触。然而这种情况到了女儿高二的那年彻底发生了改变。

一天，妈妈给女儿收拾屋子，整理书桌时，女儿的一本书中掉出来一封信。竟然是一位男同学写给女儿的情书。这位妈妈感到特别愤怒，她不敢相信女儿居然还将这样的信留存着。

女儿放学回家后，这位妈妈立刻质问女儿，这封信是谁写的，为什么不告诉她反而自己留存着，写信人家里电话是多少，自己要和对方的家长沟通……女儿看着气势汹汹的妈妈和她手中拿着的那封信有些不知所措，站在原地一句话也不说。妈妈更加愤怒了，愤怒让她失去了理智，于是朝着女儿的脸狠狠地打了一巴掌，并当着女儿的面将信撕碎，扔进了垃圾桶里。

女儿完全惊呆了，她捂着脸不明白这究竟是为什么，一种前所未有的感觉涌现在心头，这位从小听话的女儿冷冷地看了妈妈一眼，然后转身离开了家门，完全不理会在背后大吼的妈妈。

两个星期之后，这位绝望的妈妈找到了心理医生。

她说，这两个星期对于她来说是一种煎熬。自从和女儿因为情书的事情发生了矛盾之后，女儿就像是变了一个人。她不再按时回家，不再向自己汇报学校的事情，不再询问自己做什么事情。这位妈妈知道自己打女儿是错误的，但是她不知道如何改正，不知道如何修复母女关系。在这两个星期里，她几乎天天失眠，只好来寻求心理医生的帮助。

心理医生问她："你想过自己的女儿终有一天会长大离开自己吗？"

妈妈说："我知道这一天一定会到来，但是不愿意想，也不敢想，因为我太爱自己的女儿了。"

心理医生说："每个人在童年时期都会在一定程度上依赖自己的父母，然而随着年龄的增长，这种依赖逐渐减少，孩子将会逐渐变得独立，离开父母的怀抱。实际上，在你女儿身上，这种离去现在已经慢慢开始了，这是每个人都要经历的一个过程。你女儿并没有什么过错。但是情书的出现让你意识到女儿将要独立，所有事情不再受你的控制，所以你才会出奇地愤怒。既然你知道女儿终究会随着年龄的增长离你而去，你为什么无法接纳这个事实呢？"

妈妈明白了自己愤怒的原因，她也接纳了女儿终将离开自己选择独立的事实。

在明白这一切之后，妈妈和女儿进行了沟通。她向女儿承认了错误，同时也不再要求女儿事事听从自己，因为她意识到女儿长大了，已经有能力独自处理一些事情了。而自己要做的就是在旁边观察女儿，当她的行为出现偏差时，再给予适当的帮助。

几个月之后，这对母女的关系比发生矛盾前更加亲密了。虽然此时妈妈已经不再过多询问女儿的事情，但是女儿却会主动和妈妈分享一些自己的事。当遇到一些难以解决的事情时，她还会寻求妈妈的意见。

我们要学会接纳已经发生的事情，也要学会接纳那些必然会发生的事情。

很多事情是我们无法掌控或者无法一直掌控的，但是我们却总是幻想着永远掌控这些事情。就像案例中的那个妈妈，随着女儿的成长，最终女儿必然会离开自己。无论妈妈是否愿意，都无法阻止这件事情的发生。无法接纳这件事情只会让母女之间的关系变得越来越紧张。

当妈妈接纳这一切之后，也放下了。她意识到很多事情本不是自己可以掌控的，又何必强行干涉呢？不如放手任事情自然发展，反而可以获得意想不到的收获。

★ 忘记骄傲也是接纳

1815 年 3 月，法国著名的政治家、军事家拿破仑一世从厄尔巴岛返回了法国，召集旧部，进入巴黎登基称帝，建立了法兰西第一帝国，并组建了强大的军队。

此时欧洲的反法联盟立刻动员起来，聚集数万军队想要进攻法国，推翻拿破仑的统治。拿破仑对此很快就做出了反应，率先带领军队向反法联盟宣战，并且在比利时一举击败了反法联盟中的普鲁士大军。

战胜普鲁士大军之后，法国军队士气高涨，拿破仑非常兴奋。此时在他看来，反法联盟虽然有规模庞大的军队，但是战斗力完全不能和自己的军队相比。在正面战场上自己必然能够击溃所有敌人。

在这种错误的思想下，拿破仑在击败普鲁士大军之后立刻率领部队进行追击，结果在追击到滑铁卢时遇到了多个国家组成的联军。这时联军已经建好了阵地，准备阻击。

虽然此时拿破仑的士兵数量要多于敌人，可是军队之前已经经历了一次大战，进行了长时间的追击，已经非常疲惫了，而且敌人还已经建好了阵地，就等法军来进攻。最终拿破仑依然决定正面进攻联军，想要直接将对方消灭在滑铁卢。拿破仑这么做的原因就是他坚信自己的军队即使在不占优势的情况下也能够战胜敌人，在他看来，联军的战斗力是不堪一击的，更何况现在自己在数量上也有优势。

双方的战斗从早上开始，结果现实很快狠狠地抽了拿破仑一个耳光。因为拿破仑错误地低估了联军的战斗力，法军在进攻阵地时迟迟没有成功，为此拿破仑不断投入新的预备队，但依旧没有任何效果。到了傍晚，之前被拿破仑击溃的普鲁士军队在其他地方重新集合，赶到滑铁卢战场。联军立刻发起了全面反攻，战场形势出现了一边倒的局面，法军全线溃败，拿破仑也狼狈地逃离了战场。

根据军事学家的研究和判断，假如当时的拿破仑放弃自己的骄傲不再主动出击，而是选择在法国境内防守，等待联军进攻法国，再和联军打消耗战，那么拿破仑获胜的概率将会大大增加。事实上在开战之前已经有人建议拿破仑这么做，但是拿破仑的骄傲让他无法接受这样的作战方式，最终导致战争失败。

孩提时代时，我们的头脑中总是充满了幻想。我们幻想自己是特殊的，我们幻想自己是无所不能的，我们幻想自己能得到想要的一切；我们幻想自己才是世界的中心，周围所有的一切都应该为我们服务……

正是因为有了这些幻想，当我们遇到和幻想冲突的事情时就会放声大哭，因为这时的我们知道父母才是实现这些幻想的关键，当我们苦恼的时候，父母会及时赶到，帮助我们。

然而随着时间的推移，伴随着年龄的增长，我们的心智也逐渐成熟。此时，我们逐渐抛开幼年时期的幻想，意识到世界并不是以自己为中心的，意识到自己并不能轻松得到想要的东西，意识到父母不是万能的……于是我们放弃了过去那些不切实际的幻想，心智得到成长。

虽然长大后的我们看上去已经放弃了幼年那些不切实际的幻想，但是实际上并非如此。我们的内心深处仍然保留着一个骄傲的幻想，这个幻想就是"我永远是对的"。

大多数人并没有意识到自己内心深处还潜藏着这样的幻想，但它就像是潜意识一样时刻影响我们的思想和行为。

每个人都有这种幻想，任何一个人听到他人提出的和自己不同的意见时，心态都不可能完全处于平和状态，但并不是所有人都会表现出来，因为有的人在成年之后会用理智压制这种幻想，而有的人则不会。这也就是为什么有的人面对他人的反驳或者不赞同时，能够表现得非常谦虚，而有的人则不愿意听到任何不同的意见。

很多时候，正是因为这种幻想，我们才会和他人发生争执。因为在我们的潜意识中，自己才是对的，而当他人质疑我们时，我们就会试图纠正对方的"错误"，然而每个人都有"我永远是对的"这种幻想。在这种幻想的作用下，双方都不愿意接受对方的观点，争执就此产生。

当我们完全无法控制自己的这种幻想时，争执就有可能带来严重的后果。

我们经常会在新闻中看到这类新闻：两个人因为一件很小的事情发生争执，大打出手，甚至有人因此失去了性命。很多人看到这类新闻非常不理解，甚至觉得有些好笑。

当我们明白了每个人都有“我永远是对的”这一幻想之后重新再看这类新闻，这类事情的发生就有了合理的解释。

事情的起因并不重要，重要的只是两个完全无法控制自己骄傲幻想的人在一件事情上发生了分歧，最后就会出现这样的结果。因为他们谁也不愿意认可对方的意见、承认自己是错误的。

当被骄傲幻想所控制的时候，在他人眼中的我就是一个非常狭隘的人。因为我们总是生活在自己的世界中，用自己的标准评判周围的一切，无论遇见什么事情，我们都只会主观地对其做出判断，把这种判断当作事实。

处于这种状态下，我们将很难看清事情的真相，这就会让我们对事物的认知出现偏差。同时因为思想存在狭隘，所以我们和他人之间的沟通交流也难以进行，矛盾就此产生。

如果我们细心了解，就会发现古今中外那些具有大智慧的人都强调要正确认识自己，因为他们知道骄傲幻想的存在，他们知道无论一个人有多么优秀，也不可能永远都是正确的，所以他们通过认清自己来控制骄傲幻想对自己的影响。

去除自己的骄傲幻想，正是我们接纳真实自我的开始。

从孩提时代认为自己是世界的中心，到成年之后意识到自己只是世界的一部分，接纳“我们并不是世界中心”的事实，是我们心智成长的开始。

接纳不是一切的终点，恰恰相反，接纳是开始一切的起点。

接纳之后，我们要做什么？这才是最重要的。

用《当下的力量》中我非常喜欢的一段话作为这一节的结尾。

“假设你身陷泥沼之中，你不会说：‘算了，我甘心陷在这里。’认命不叫接纳。你不需要接受一个不愉快的或恼人的生命情境。你也不需要自欺欺人地说，身陷泥沼没有什么不对。你全然地体认到自己想要脱困，然后就把你的专注缩小到当下这一刻，但是不用任何方式给它贴上心理标签。这意味着对当下没有批判，因而没有抗拒、没有情感否定。你接受了这一刻的‘是然’（isness），随即采取行动，尽一切所能让自己从泥泞里脱身。我称这样的行动为积极行动。它比发自愤怒、绝望或挫败的行动更具威力。你要拒绝为当下贴上任何标签，持续修炼自我的接纳之道，直到你达成你所期望的结果为止。”

◈ 人生苦短，不如做个快乐的付出者

“爱出者，爱返。”

——净慧禅师

有一个年轻的商人，他在做生意方面有过人的天赋，三十多岁时就已经有了过亿的资产。但是他却从没有快乐过，并且总是充满了怨气。虽然他身边朋友众多，但全是酒肉朋友和生意朋友，没有一个可以交心的人。

他不明白为什么会这样，但旁人却看得非常清楚。他终日都在考虑自己的利益得失，不关心周围任何人或事情，更不用说帮助他人了。

一个人虽然拥有了巨额财富，但是过度沉迷于财富积累，总在思

考如何获得更多的财富，不愿意让自己有任何损失或者付出，结果除了钱一无所有，每天总是在烦恼和怨恨中度过。

我上中学时，班上有一位同学特别喜欢批判社会上的一些不良行为。

一次报纸上报道了这样一件事：某地一位著名企业家开展献爱心活动，活动的一项行程是去孤儿院看望孤儿。这位企业家面对镜头时对孤儿关怀备至，嘘寒问暖，在记者面前向孤儿院捐了款。然而，当整个活动结束，记者们纷纷离开的时候，这位企业家马上一改亲和热情的面孔，对孤儿不再理会，迅速转身离开了孤儿院。不巧的是，后面这些画面刚好被一位还没有离开的记者拍了下来，刊登在了报纸上，一下就引起了轰动。无数人对企业家的这种虚伪行为口诛笔伐。

这位同学得知这件事情后，马上开始批判这位企业家太过虚伪，捐款行为只是为了作秀吸引眼球而已，大多数同学都附和他的看法。

这时，一位同学突然说了句话："就算是作秀，可也比将钱用在他自己的奢侈享受上要好吧？难道他的付出是毫无价值的吗？"

这个同学说完后，全班陷入了寂静之中。我听了之后仔细一想，确实如此。

★ 你在付出的第几层

虽然企业家做慈善的行为动机不纯，他对付出也没有多大兴趣，愿意付出只是为了从中获得对自己有利的东西，但即便这样，付出也总比不付出好，因为孤儿院因为他的付出受益了。这种付出是付出的第一个层次。

付出还有第二个层次，处于这一层时，我们付出的原因是因为关心接受付出的人，希望自己的付出能够帮助他们，而他们的境况是否因为我们的付出得到改善，对我们来说也十分重要。如果对方的境况确实因为自己的帮助得到改善，我们就会感到快乐。

生活中，这一类付出者非常多，我们大多数人也都属于这一类付出者。当看到他人需要帮助时，我们就会伸出援手，希望自己的付出能够改变对方的情况。

虽然我们不会表现出来，但是内心却在不自觉地期待对方感谢我们、称赞我们。而当现实和我们想象得不一样时，例如，我们的付出没有起到作用，或者对方对我们的付出没有任何表示，这时我们可能会感到失望、沮丧，甚至会因此不愿意再为他人付出。这样的例子在现实中比比皆是。

第三种付出是不加权衡、不求回报的付出。这种付出者觉得付出行为是自己应该做的，不在乎付出对象是谁，不在乎自己的行为是否会让他人获益，也不在乎是否有人会因为自己的行为而感谢他。例如，我们走在路上看到被乱扔的共享单车，不会多想就上前将单车扶起来。这就是不加权衡、不求回报的付出，是一种自然而然的行为，也是一种难能可贵的精神。

在实际生活中需要我们付出的事情有很多，有些事情可能需要我们具备一定的能力才可以付出，而有些事情则不然，也许只是一些举手之劳的小事。做这些事情的时候，我们可以回过头审视自己，寻找自己做这件事情的理由：

因为有人正在看着我们？

我们希望付出之后有人获益，然后感到快乐？

没有理由、自然而然就想做的？

我们不断审视自己的付出过程也是自我成长的一个过程。如果我们正处于付出的第一层，不妨在心态上做出调整，尝试为了他人获益而付出，并且从中获得快乐；而当我们处于付出的第二层时，不妨淡化自己付出的目的性，自然而然地付出，不为寻求他人的称赞，不为寻求内心的快乐。当我们做到这一步时，就会发现自己的内心将会越来越平和，身上的正能量也在不断被强化。此时，快乐也和我们的付出行为一样，自然而然就存在了，没有理由。

这时你会发现原来快乐是这么简单的一件事情，它无时无刻不在发生，一起都那么自然平和。

第 7 章 神圣的力量：爱与亲密关系

◈ 爱情第一法则：散漫无羁的爱是一场灾难

“我太年轻了，甚至不懂怎么去爱她。”

——《小王子》/安东尼·德·圣·埃克苏佩里［法］

尼克和艾米在周围人眼中是一对完美的模范夫妻。尼克潇洒、帅气，艾米则是将聪明、漂亮和善解人意集合在了一身，并且艾米的父母是著名的儿童作家，家境殷实。艾米成长在这样的家庭中，从小就被父母写进了书中，很多人都叫她“神奇的艾米”。

自从尼克和艾米两人在一次派对上认识之后，他们很快就陷入了热恋中，两年后步入了婚姻殿堂。艾米不想让自己的婚姻随着时间的变化变得平凡而又庸俗，所以她总想办法在婚姻中制造一些浪漫。例如，在每个结婚纪念日，艾米都会精心准备谜题，一个个谜语指向下一个地点，最终揭出浪漫的惊喜。

尽管艾米如此努力，但是他们的爱情还是慢慢地滑向了平淡，尼克出轨了。

这一天是两人结婚5周年纪念日，尼克一早就去了和妹妹合开的酒吧，但是中途接到邻居的电话：你家的大门敞开着，你家猫也出来了……

尼克回到家时，发现门开着，家里像灾难现场一般。在客厅里到处都是暴行的痕迹，本该在家的妻子艾米也消失不见了。丈夫尼克立刻报了警，警察开始调查这件事情。

艾米的父母在知道这件事情之后非常惊慌，向警方提供了可能会威胁艾米的嫌疑人：一个是在高中时期和艾米有过关系的富豪男友；一个是艾米在大学时期的男友，这个人曾经侵犯艾米被起诉。不过这两个人如今和艾米并没有太多的交集。

警察在尼克家中进一步调查的时候有了新的发现：在看上去非常干净的地板上曾经有大量血迹；尼克和妹妹开的酒吧的最大股东是艾米；有账单显示尼克曾经购买过大量的奢侈品；艾米的人身保险金额突然被提高；艾米的日记中记录了尼克出轨被发现的事情。

尼克先是肆意挥霍金钱，后是出轨，被妻子发现之后，他又暗中提高了妻子的人身保险金额。这些线索都将矛头指向了丈夫尼克：是他杀死了妻子艾米。

艾米从小就在儿童畅销书中出现，算是一个公众人物。当她的失踪消息被爆出之后，虽然警察还没有下结论，但是无数媒体都开始指责尼克。

不过事实是，在尼克百口莫辩的时候，他的妻子艾米正在高速公路上一边开车一边发泄对丈夫尼克的不满。丈夫的无所作为和出轨行为打破了艾米对婚姻的幻想，所以聪明的她策划了这一切，想要以此惩罚丈夫。

艾米先是在家中制造了一片混乱的现场，后让丈夫在不知道的情况下为她签署了新的人身保险单，最后又伪造了一本婚后日记。这本日记里记录了结婚不久的美满生活，后来尼克有了出轨行为和家暴行为，艾米非常害怕尼克，担心他会杀死自己。

在精心布置完这一切后，艾米隐姓埋名地离开，通过网络匿名指责尼克，让所有人都认为尼克杀死了艾米，尼克被送进了监狱。

计划是完美的，但是艾米实施起来出现了问题：艾米因为不擅长隐姓埋名，很快被人发现她是一个有问题的人，结果艾米被抢劫了。

全部钱都被抢走的艾米没有办法，只好联系高中时期曾追求过她的前男友，编造了一个自己被丈夫虐待的故事，想要寻求前男友的帮助。前男友答应了艾米的请求，将她带回了自己的公寓并把她隐藏了起来。

此时，艾米的丈夫尼克正处在风口浪尖上，他在接受电视采访的时候向妻子认错，请求妻子的原谅。

艾米看到了在电视中认错的尼克，同时前男友对她的虐待和控制让她无法忍受，于是艾米利用房间里的监控再次谋划，杀死了前男友，回到了丈夫尼克的身边，向外界编造了一个自己被绑架的故事。虽然艾米的故事编造得并不是十分完美，但是外界更关心的是艾米又回来了，所以没有人过多地注意艾米故事中的漏洞。

不过尼克除外，因为他知道保单、奢侈品账单和日记都是艾米伪造的，但是艾米并不承认。直到一切尘埃落定之后，艾米向尼克承认自己谋杀了前男友。但是尼克知道了也没有任何意义，因为他没有任何证据。最终尼克只好继续与艾米扮演一对模范夫妻。

以上是小说改编的电影《消失的爱人》的剧情，我第一次看这部电影就被迷住了，被它道出的婚姻真谛所震撼。看完电影，我又特意看了小说版。

小说里有一些对婚姻的中立见解：“婚姻就是互相妥协、努力经营，然后更加努力地经营、沟通和妥协，随后再来一轮经营。凡入此门者，请万勿心存侥幸。”

还有一些见解则表达了对婚姻生活的失望：“我爱过你，可后来我们做的一切只有互相怨恨、互相控制，带给我们的只有痛苦……这就是婚姻！”

“你讲的笑话被会错了意，你的妙语连珠也无人回应。要不然的话，他也许明白过来你讲了一句俏皮话，但不确定该怎么应付，只等稍后将它轻描淡写地处理掉。你又花了一个小时试图找到对方的心，认出对方的真容，你喝得有点儿过火，也努力得有点儿过火。后来你回家躺到冰冷的床上，心里想着‘其实也还不坏’，于是到了最后，你的人生变成了一长串‘也还不坏’。”

“爱情让我变成了肥婆！柔情蜜意让我的嗓子哑了几分！一腔忠心让我的身材肥了一圈！我变成了一只开开心心、忙忙碌碌的蜜蜂，双宿双飞让我浑身上下带着一股子劲儿。我在他的周围忙碌，管东管西地打发一些鸡毛蒜皮的小事。我已经变成了一种奇怪的事物：一名妻子。”

婚姻会改变我们，婚姻也会改变我们的感情，就像作者说的“进入婚姻的人，万勿心存侥幸”。

但我非常喜欢其中的这一段话：“人们告诉我，爱应该是无条件的，每个人都说，这是黄金守则。但如果爱真的毫无界限、毫无约束、毫无条件，那怎么会有人努力做正确的事呢？如果我心知无论如何别人都会爱我，那又何兆战呢？我应该爱尼克，尽管他缺点重重，而尼克也应该爱我，尽管我满身怪癖。但是很明显，我们双方都没有这么做，因此我认定大家都大错特错，爱应该有诸多的条件和限制，爱需要双方每时每刻保持完美状态。无条件的爱是一种散漫无羁的爱，正如大家眼见的那样，散漫无羁的爱是一场灾难。”

散漫无羁的爱是一场灾难！多么精妙的见解。

★ 为什么我们问题的焦点永远得不到解决

有这样一对夫妻，丈夫是企业高层管理者，平时工作非常忙，妻子则是全职太太，每天都待在家里。这对夫妻的感情非常好，又快到双方的结婚纪念日了，所以两人约定要好好庆祝一下。

到了结婚纪念日这一天，丈夫一大早就去了公司，想赶紧把公司的事情处理完提前回家。为此，丈夫在公司忙碌了一上午，终于把手头上的工作都安排妥当了，于是，早早地回到了家。

丈夫回到家后妻子正在厨房忙碌，此时丈夫因为上午太过忙碌，感觉非常疲惫，于是和妻子打了一个招呼就到客厅看电视了。

正在厨房忙碌的妻子听到丈夫在客厅看电视有些不高兴。在妻子看来，今天是结婚纪念日，自己一大早为庆祝做准备，丈夫回家后不帮忙干活，却直接去看电视了，他心中真的在乎结婚纪念日吗？

想到这里，妻子就跑到客厅抱怨了丈夫几句，又回到了厨房。丈夫发现妻子不高兴了马上关掉了电视，跑到厨房问有什么需要帮忙的，但此时妻子已经生气，丈夫劝了几句都不管用，最后丈夫也生气了，转身离开厨房继续回客厅看电视，一个结婚纪念日就这样过去了。

故事中的丈夫和妻子对自己的做法都有正当的理由。丈夫：自己每天在外忙碌，今天为了下午早点回家上午更是忙得不可开交，回到家实在太累了，自然想要休息一下。妻子：为了结婚纪念日自己从早上一直忙到下午，结果丈夫回来连问都不问就去客厅看电视，自己自然要生气。

两人的理由看起来都十分充分，事实也是如此。他们之间发生冲突的原因并不在于行为的理由，而是在于他们没有告诉对方自己的期待和需求，并理所应当地认为对方是可以理解自己的。

但是，很明显双方都没有理解对方，误会就此产生，冲突也就此发生。

我们仔细思考下就会发现，虽然每次争吵的原因可能各不相同，但是实质性的焦点问题总是那么几个，就是这几个焦点问题一直没有被解决。

为什么这几个争论的焦点一直没有得到解决？

在这个世界上没有完美的人，每个人都有自己的缺点。虽然在建立亲密关系之初对对方已经有一定的了解，但是所接触的时间有限，了解的程度不够。而随着接触时间变长，了解也变得更加深刻，双方身上的缺点完全暴露出来，矛盾就此产生。

随着时代的发展，越来越多的人为了寻找想象中的完美爱情追求自由恋爱。此时，在这些人看来，爱情只需要两人相爱即可，不需要过多考虑其他因素。所以在这种爱情观的作用下，有很多看上去“门不当户不对”的爱情产生。

这种爱情观是值得尊敬的，我也衷心祝福这样的爱情。这种爱情也是可以得到幸福的．但是在追求这样的爱情之前，我们必须做好充分的准备，以便从容面对今后可能出现的种种问题。例如，两个出生环境、教育背景、经济条件有着巨大差异的人建立了亲密关系，以后双方之间必然会产生一定的矛盾，这种矛盾和爱情无关，只因为背景的不同造成两人的人生观、世界观有所差异，看待同样一件事情的角度也不同，这就会产生矛盾。

我们可以把在这种亲密关系中，矛盾集中爆发的时期看作过渡期，如果双方能够正确应对矛盾，顺利度过过渡期，那么他们的爱情就是幸福的。反之，两人无法顺利度过过渡期，冲突频发，这种爱情自然无法长久。

曾几何时，爱情在我们眼中是那样的神圣而庄严。每个人在年少轻狂时都曾对爱情有过美好的幻想，希望自己能够在未来寻找到一份真挚而圆满的爱情。然而当我们真的接触爱情之后，发现爱情似乎并不是自己想象得那样。

在我们接触爱情的时候，爱情让我们感到幸福，同时给我们带来了希望。但是随着时间的推移，我们发现爱情带来的不只有幸福和希望，还有抱怨、争吵、攻击等。有时候我们会想为什么爱情会是这样的。面对争吵，我们有时会产生这样的想法：我们明明知道两人是相爱的，但为何无法避免争吵呢？

★ 我爱你，并不代表我了解你的一切

当我们建立亲密关系之后，因为有理想爱情作为榜样，所以我们会试图把对方打造成自己心目中的样子，以便让自己的爱情变得和想象中的一样，并且把自己幸福的需求放在对方身上，认为对方应该这样或者那样做，自己才能幸福。

我们回忆曾经和伴侣发生过的冲突，就会发现经常有这样的话语出现在冲突中："你不知道我不喜欢 ××× 吗？""你和我在一起这么长时间，难道不知道我希望得到 ××× 吗？"

似乎我们理所应当地认为对方应该了解我们的一切，不需要我们说，对方就可以按照我们的心意做事。

我们常常混淆一个概念："我爱你"和"我了解你"。"我知道"和"我懂得如何爱你"并不是同一件事情，它们之间不能画上等号，但是很多时候，我们把它们画上了等号。

◇ 两个刺猬如何相爱？不是把刺都拔掉

"爱情，就是两个害怕独处的人一起逃避！"

——《爱在黎明破晓前》

在森林中有两只刺猬。一次偶然的机会，两只刺猬见面了，它们相爱了。相爱的感觉是幸福的，两只刺猬在森林中结伴而行，一起觅食、休息。

然而相爱的幸福感很快就被困扰和不解取代。在天气寒冷的夜晚，当两只刺猬希望依偎在一起取暖时，它们发现了问题。当它们挨近之后，双方身上的刺就会扎入对方的身体。两只刺猬非常相爱，它们不断尝试，然而一次次尝试的结果只是让它们变得遍体鳞伤，依然无法接近。

在经过无数次尝试之后，两只刺猬身上都已经伤痕累累。它们保持了一定的距离疑惑不解地看着对方，因为它们不明白明明深爱对方，但身上的刺总是在伤害对方。

两只刺猬就这样默默地互相对望，再也不敢接近对方。不知道过了多久，其中一只刺猬终于想到了解决办法——就是将自己身上的刺拔掉。一想到拔掉身上的刺就可以不再伤害对方，这只刺猬马上就行动了起来。这只刺猬不知道的是另一只刺猬也想到了这个方法，在它拔自己的刺的同时，另一只刺猬也在拔自己的刺。

当两只刺猬把自己身上的刺都拔干净，再次回到原来的地方后，它们发现自己几乎不认识对方了。它们虽然惊讶，但是它们终于可以依偎在一起了。然而幸福总是短暂的。两只失去了刺的刺猬已经不能适应环境，它们失去了抵御外敌的有力武器，丢掉了性命。

这是一个悲伤的故事，那么两只刺猬难道就无法恋爱吗？

★ 爱不爱你，与你无关

在讲两只刺猬究竟该如何相爱前，我想先讲另一件事情，只有明白这件事，我们才能摆正在亲密关系中的位置，也才能亲密和谐地在一起。

一位朋友打电话给我："姐姐，我觉得人就该没有脾气，更应该没有情绪，情绪这东西是最没有用的。"

我问她："怎么了？"

她说："我不该发脾气，我不该有情绪，我和他吵架了。这次吵得很厉害。"

我说："你已经是'忍者神闺'了，还想怎么虐待自己，没脾气、没情绪，那连宠物都不如啊。"

她长吁一口气后，问："那我怎么才能让他爱我啊？"

我说："爱不爱你，与你无关。你做得再好，他不爱你还是不会爱你的。这不是你的问题，不要再折磨自己了。"

她说："即使如此，我还是选择爱他。"

我说："可以，那祝你幸福。不过你需要明白你爱他，也和他无关，都是自己的事情，别太折磨自己。"

是的，我们爱一个人是我们的事，对方爱不爱我们与我们无关，所以我们如果爱对方，就做些对对方有意义的事情，而不是总想拔掉自己身上的刺，以此获得对方的爱。

其实我们每个人身上都有刺，这些刺虽然表面上看不到，但是当我们与所爱之人建立亲密关系后，这些无形的刺就会伤害对方。

相信很多人都有这样的经历，最初遇到喜欢的人时，爱情看上去是那么完美和幸福。然而随着两个人建立亲密关系，接触越来越多，了解也越来越深，双方身上的刺都显现了出来，双方频频爆发矛盾。

在亲密关系中，面对矛盾我们经常可以看到下面几种错误的应对方式。

★ 不，我不让

当处于亲密关系中的双方发生矛盾，并都坚持自己的意见时，就会出现针锋相对的局面，这会让两人进入无休止的辩论中，每个人都试图用言语说服对方，让对方认可自己的观点。

而有过类似体验的人都明白，这样的针锋相对通常是毫无益处的。此时双方就像两只刺猬疯狂地撞击一样，只是在不停地互相伤害，让双方之间的矛盾进一步升级。

最终即使一方放弃了争论，另一方也不会因此而产生喜悦感。亲密关系也受到了极大的伤害。

★ 一直退、一直退，退到无路可退

当处于亲密关系中的双方发生矛盾，并且互不相让时，通常是因为双方性格较为强势。不过每个人的性格不可能都是强势的。所以当有一方或双方都不强势时，发生问题之后不强势的一方就有可能选择退让，冲突也就暂时被搁置起来。

这种处理可以让冲突停止，但只是暂时性的。同时我们还要了解一点，退让并不代表放弃自己的观点、认同对方，退让只代表暂时性地压制自己的激动情绪。

而每个人对情绪的控制力都是有限的，我们可以为了避免正面冲突而控制自己的情绪一次，也可以控制第二次，但是冲突没有得到根

本解决，所以还是会继续发生。当发生多次之后，我们就很难再控制自己的情绪，会在某一时刻将过去所有的情绪爆发出来，让冲突变得更加激烈。

★ 呃……干脆逃避好了

亲密关系中发生的每次冲突都代表着双方存在一定的问题。面对冲突和其背后的问题，有时候我们会犯一个很多人都会犯的错——选择逃避。

例如，通过喝酒逃避现实。有很多酗酒者都将酗酒的原因归结到压力上，包括工作压力、生活压力、家庭压力等，并且认为这种理由既合情又合理，但实际上他们只是借助酒精逃避这些产生压力的问题。在亲密关系中也是一样。

虽然逃避会让亲密关系看上去比较和谐，大大降低了冲突的发生概率。但是问题始终存在，从来没有得到解决。有时冲突并不一定是件坏事，至少它能够提醒我们有问题需要解决。同时冲突也是一种沟通方式，它能够在一定程度上帮助双方了解问题的根源，并思考如何解决问题。

因此如果我们只是一味地逃避，不愿意面对问题，这只会让彼此的距离越来越远，变成路人。

两只刺猬相爱，一只努力拔掉刺，另一只保持原状，或者两只都把身上的刺拔掉，这都不是理想的结果。把身上所有刺都拔掉后选择在一起的案例我见过很多，但结果通常是让人悲伤、痛苦的，因为他们为爱情付出了太多，多到已经完全变成另外的两个人。

事实上，在亲密关系中，我们不需要拔掉身上的刺，只需要保持理性、耐心和适当的距离。

在亲密关系中面对无休止的冲突，我们往往会失去耐心。有时候我发现，很多人面对陌生人或不那么亲密的朋友和同事时会很有耐心和理性，但是越亲密，我们对对方要求越高，理性和包容越不知所踪。

因为我们和亲密关系的另一方太过亲密，亲密到了没有任何距离。适当的距离也是维持美好亲密关系的重要诀窍。

无论处于亲密关系中的双方多么亲密，他们始终是两个独立个体。每个人都需要一定的独处空间，不希望任何人闯入，即使对方是自己亲密的人。

更重要的是爱情让两个人走到了一起，时刻都在面对彼此，因此双方可以说是最熟悉彼此的人了。正是这种熟悉感会让激情逐渐消退，甚至变成一潭死水。没有人希望自己的爱情走到这一步，所以我们需要给彼此保留适当的距离。

◈ 控制，让我们与真正的美好失之交臂

> “我们这么努力地控制对方，是不是因为我们掌控不了自己？”
>
> ——关于爱情的反思

电影《志明救春娇》中这样一句台词令人捧腹：“你们这段关系，一半机会可能成功，一半机会可能失败。”

事实上，世界上所有的事情都是如此：一半的概率成功，一半的概率失败。最后的结果，其实还是要靠我们自己的经营。

不过我要说的是，如果一段感情中，有一方特别强势，甚至双方的控制欲都特别强，那么这段感情的失败率一定会很高。

在亲密关系中，有很多人总是执着于控制，希望自己能掌握对方的一切。但是我们不知道在伤害亲密关系的种种行为中，控制一直排在前列。有强烈控制欲存在的爱情是病态的，控制欲不会让对方离我们越来越近，只会让两人渐行渐远、形同陌路。

为什么我们想要控制他人？每当有人提起这个问题时，我们会说因为自己是爱对方的，所以才会想要控制。但这种爱是真正的爱吗？当然不是。

喜欢控制的人，常常给自己的控制行为找各种理由，甚至戴上漂亮的面纱。

因为我爱你，所以我才管你。

我控制你的行为，是为了你好。

我所做的一切，都是为了解决我们之间的问题——是为了我们好。

控制，常常被冠以爱和为了对方的名义。但是控制行为本身是错误的，控制是一场自欺欺人的骗局。当我们执着于控制一个人，我们就看不到真实的他，而致力于把他改造成我们想要的他。

★ 控制让我们错过真正的亲密关系

我们心中有时会存在一个虚拟的亲密伴侣，我们会勾画出这个虚拟亲密伴侣在平日生活中的一举一动，而这些举动能给我们带来稳定和安全感。

这些都是我们的主观意愿，现实中的伴侣通常是无法达到我们的要求的。因此我们就想要命令伴侣，让伴侣朝着我们希望的那样去做。当伴侣不愿意听从我们的命令时，我们就会因此感到愤怒，甚至有过激的行为。

因为我们自认为已经为伴侣设定好了一切，并且认为伴侣非常清楚我们的想法。当伴侣不愿意服从我们时，就打破了我们对这一切的幻想，从而让我们产生一切都处于失控状态的感觉。

我曾经接触过一个具有强烈控制欲的女孩。这个女孩有一个爱她的男朋友，而从她的话语里也不难看出她也非常爱自己的男朋友。

相爱并不能解决一切问题，如女孩的强烈控制欲。在这个女孩眼中，既然她和男朋友走到了一起就应该不分彼此，不能有任何秘密，所以她想知道男朋友的一切。每天几点上班、几点下班、和谁吃饭、和谁聊天等，女孩都要知道，一旦女孩认为男朋友有什么不对的地方就要立刻指出来，然后督促他改正。甚至他穿什么颜色的袜子女孩都有明确的要求——不同场合就应该穿不同颜色的袜子，绝对不能出错。

在这种畸形的亲密关系中，她的男朋友越来越无法适应，选择了反抗。对于男朋友的反抗，女孩非常震惊，她不理解男朋友为什么要这样做。于是女孩给男朋友留了信息：给我一段时间让我想想。之后就“人间蒸发”，不与任何人联系。女孩真的想要自己一个人想想吗？不是，她想要通过这种方式惩罚男朋友，让男朋友认真想想自己错在哪里。

在消失了数天之后，女孩觉得已经差不多了，于是打开了手机。

不出所料，男朋友已经快要疯了，他发了无数条信息道歉，只希望女孩告诉他在哪里，最后他还报了警。

当女孩心满意足地出现在憔悴无比的男朋友面前时，女孩的男朋友如释重负，在确认女孩没有受到任何伤害之后，他先给女孩家里人发了条信息，告诉他们女孩一切都很好，然后对女孩说了一句：“我们分手吧。”

当女孩听到这句话之后，感觉像被人狠狠地扇了一巴掌，而这一巴掌出现得如此突然。虽然男朋友之前不止一次对她说过不希望他的所有行为都受约束，但是女孩并没有听进去，因为她并不关心这些。

作为一个旁观者，女孩的做法似乎很难被理解，但是如果我们也有同样强烈的控制欲，就很容易理解女孩：自己做的一切都是为了对方，对方竟然还不满意，应该要惩罚。但实际上我们没有意识到伴侣有自己的个性需求，没有意识到这一点，我们就无法意识到自己的错误。

案例中的女孩认为通过控制男朋友的一切可以让他们变得更加亲密，将这种亲密当成了爱。所以女孩越爱男朋友，就越想要控制他，但实际上这种做法只会让亲密关系越来越疏远。

和一个具有强烈控制欲的人生活在一起并不是一件让人愉快的事情。事实上，我们除了自己之外谁也不能控制，虽然我们知道这一点，但是还是想要控制他人，为什么呢？

有时是因为习惯：我们习惯控制自己的另一半；有时是出于自私：我们总是想把别人改造成自己想要的样子。但是这些都不是控制的主要原因。

控制其实是一种示弱的表现，控制他人只是因为我们控制不了自己，是为了安抚自己的焦灼和不安。

我们控制他人，最常见的思维方式是，我为了你付出了很多，所以你要顺从我……在这种思维模式的作用下，我们认为别人应该为自己的情绪负责。但是归根究底，我们会控制别人，是因为无法掌控自己的人生。

只有失控者才热衷于控制他人，当我们对自己的价值感到疑惑，又无法自己解决时，我们就会把目光投向外界。

◈ 如何在爱情中仍然保持独立

“有一天，女人或许可以用她的‘强’去爱，而不是用她的‘弱’去爱。”

——《第二性》

我有一个朋友曾经向我哭诉自己在家中没有地位，家里所有事情都由丈夫做主，自己没有任何话语权，并且丈夫对自己的态度也越来越差。她想要在亲密关系中保持人格独立，也想要在家中有话语权，但是每次丈夫都不给她机会，因此她十分痛苦。

我给她的建议是坚持自己的选择，并为选择负责。如果你的丈夫多次干涉你的选择，那只有两种可能：

第一种，你还不够坚持，你的丈夫发现每次只要对你稍微施加一点压力，你就会乖乖就范，听从他的意见；

第二种，虽然你坚持自己的选择，但是丈夫一再强行干涉，那说明你丈夫心中根本不在乎你，这样的亲密关系快要走到尽头了。

法国著名存在主义作家波伏娃在她的作品《第二性》中这样写道："有一天，女人或许可以用她的'强'去爱，而不是用她的'弱'去爱，不是逃避自我，而是找到自我，不是自我舍弃，而是自我肯定。那时，爱情对她和对他一样，将变成生活的源泉，而不是致命的危险。但在这之前，爱情是以最动人的面貌，概括了压在封闭于女性世界中的女人、受伤害又不能自我满足的女人身上的诅咒。"

我认同伏波娃的观点。每个女性都应该积极寻找自己的人生价值、人生梦想和人生意义，而这些和他人无关，只和自己有关。当女性找到并拥有了真正的"自我"时，才不会在亲密关系中丢失自我。

很多女性对亲密关系破裂这种事情难以接受，并且会因此痛苦不已。其实一段亲密关系的破裂有时并不是一件坏事，因为失去也会让我们获得一种自由，这种自由会让我们容易找到自我。而拥有自我的亲密关系，才是真正自由的亲密关系。有人或许认为爱情和独立是相互矛盾的，这只是因为我们不明白究竟什么是独立。独立并不是要我们不与他人亲近，不建立亲密关系，始终和他人保持距离。这是孤独，不是独立。

建立亲密关系之后我们依然可以选择独立，并且独立可以对我们的亲密关系产生促进作用。

独立具体体现为两方面：一是经济上的独立，二是人格上的独立。

经济上的独立非常容易理解。一个人只要愿意，总能找到一份能够养活自己的工作，并且经济独立是一件让自己快乐的事情，同时，经济方面的独立能够让我们更加自信。因为工作赚钱并不是一件容易的事情，它需要我们具有技能、学识等各方面的能力，如果一个人非常善于赚钱，那么至少他在一些方面有突出的表现。因此，获得经济上的独立能让我们更自信。经济独立是人格独立的基础，如果在经济上没有独立，那么我们就很难做到人格上的独立。

当我们在经济上做到独立后，就需要追求人格上的独立。一些人在经济上是巨人，在人格上却是巨婴。这部分人在工作上的表现非常出色，善于赚钱。但是在感情关系中表现出一种强烈的依赖性，即使这些事情是他们自己的事情。

他们习惯听从对方的意见，即使自己不认同对方，也不会说出来，只是一味地附和。有人可能认为这是一种不错的做法，因为这样做可以大大降低亲密关系间发生矛盾的概率，但是其背后存在这样两种逻辑：一种是我没有必要事事操心，所以即使我对这件事情不认同也没有必要说出来；另一种是所有事情我都听你的，即使做错了，这件事情也和我没有关系。

无论人格无法独立的背后逻辑是其中的哪一种，都体现了一个共同特点，就是逃避责任，这也是人格无法独立的一个重要原因。

如果我们能自己做选择，并且能为自己的选择负责，那么亲密关系中的烦恼就会减少大半。

人格独立还包括情感独立，这也是我们容易出现问题的地方。很多女性在情感上过分地依赖亲密关系，并且因此逐渐失去了对外界的兴趣。这样我们的内心世界就会越来越小，最终只剩下自己的家庭，除此之外不愿意再关心其他。

无论当下我们的亲密关系多么和谐美满，人生总是充满变数，没有人能够预言明天会发生什么。一旦亲密关系发生变故，亲密关系的情感依赖对我们就会产生致命伤害，让我们无法接受现实。

每个人都渴望亲密关系，但是我们又经常错误地理解亲密关系。在亲密关系中我和另一个人成了伴侣，但伴侣并不是要时刻都被捆绑在一起。每个人在不同的环境中扮演不同的角色，伴侣只是其中一个角色而已。首先我们是一个独立的人，其次才是扮演的各种角色。当我们明白这一点之后，才能真正在爱情中做到独立，不把自己的希望寄托在他人身上。

我非常喜欢廖一梅的一段话：

“据说好的婚姻激发人天性中好的一面，坏的婚姻激发人天性中坏的一面。希望你们是前者，我们所有的人也都这么衷心祝福。但如果是后者也没什么，谁能总那么幸运呢？不必互相指责，死不认错，计较自己所付出的，都去寻找更好的、更有益于双方成长的关系。婚姻只是所有人类关系中的一种，不比别的关系更好，也不比别的关系更坏。如果你们都明白这一点，现在，新郎可以吻新娘了。”

◎ 真正的亲密是无缝对接：你凸我凹，我凹你凸

“当我和她相处的时候，我能感觉自己变好了。这就是爱情的魔

力，是我必须找到的东西。”

——《单身指南》

有人曾对我说：亲密关系就像是一台精密的机器，而关系的双方就像是这部机器中的两个关键齿轮，只有他们能够无缝对接，这台机器才能正常运转。初听上去似乎这个比喻并不十分恰当，但是仔细想想，这个比喻中蕴含了很多的道理。

一对齿轮，看上去简单，其实并不简单。想要维持机器正常运行，对接的齿轮各方面都必须恰到好处。而亲密关系，也正是如此。

一份美好的感情需要两个人一起用心经营，不能像小孩过家家，随意任性，要像一对配合默契的齿轮一样，互相包容对方，这样的感情才能长久和幸福。

★ 凸对凸？小心爱情变成了战场

两个人够建立起亲密关系，首先是彼此之间有了“怦然心动”的感觉，随着接触的次数增多，这种怦然心动发展成爱情。当两个人走到一起组成了家庭之后，爱情就开始逐渐向亲情转化，此时两人既是爱人又是亲人。

当两人带着对未来的憧憬，准备一起共度余生的时候，才发现生活并没有想象中那么激情，更多的是平淡。试想两个原本没有任何关系的陌生男女走在了一起，每个人都有自己的性格，每个人都有自己的棱角，矛盾也就在所难免。当两个人互不相让，试图改变对方、认可自己的时候，不再拥有甜蜜，幸福也成为过去，留下的只有战场。

在亲密关系的战争中，没有谁是赢家。两个人在试图制胜对方的过程中，其实是在伤害自己，伤害这段曾经无比向往的爱情，亲密关系也在这个过程中变得满目疮痍。

两个人在一起要更多地考虑如何接受对方。如果一心只想改变对方，磨平对方的棱角，那么两人就不再有亲密关系，有的只剩麻木和冲突。

★ 凹对凹？小心亲密关系不再亲密

齿轮有棱角也有凹陷，人也是如此，在亲密关系中，这种凹陷就是包容。

任何一段亲密关系都需要包容，但并不是说两人越包容这段亲密关系就越幸福。当两个人总是包容对方时，亲密关系将不再亲密。

亲密关系能够为我们提供安全感，所以在亲密关系下，我们可以摘下厚重的面具，轻松地和爱人嬉笑打闹，直言不讳地和对方讨论两人的感情。两人凹对凹地包容，相互创造和谐的关系气氛诚然不错，但是在这种和谐气氛的背后，二人又把自己的棱角藏在了哪里呢？一个人不可能没有棱角，也不可能磨平自己的棱角，这种和谐气氛的背后则是隐藏很深的棱角。

每段幸福的亲密关系都基于一个前提，即开诚布公。只有开诚布公，才能了解最真实的对方，才能让这段关系更加亲密。而包容的面具则只会让这段亲密关系在和谐下多了一层隔阂，变得不再亲密。

有时候，错过一段原本可以非常幸福的亲密关系会让我们后悔终生。既然进入了亲密关系，就要用心经营，两个人一起维护，克服困难。

世界上有刚建立就是完美的亲密关系吗？答案是“没有”。那么世界上有完美的亲密关系吗？答案则是“有”。

每段亲密关系在建立之初都需要一定的磨合，处于亲密关系的双方需要应对种种之前没有预料到的问题。刚建立的亲密关系是不完美的。但是当所有问题都显现出来之后，亲密关系双方学会了相互适应、相互支持、相互包容，就像一对齿轮彼此适应了对方的凸凹和节奏，这段关系就开始趋于完美。

很多人在亲密关系破裂后会用性格不合作为理由，但世界上又有多少人的性格是相合的呢？当我们进入亲密关系后，首先需要学习的就是相互体谅和包容。当然，也要学会帮助另一方改掉不好的习惯，这才是真正的亲密关系。

爱情就是这样，需要双方有足够的耐心，不要将出现的问题过度放大，用倾听代替争吵，用包容接纳对方的棱角。

有时男人会因为工作繁忙、生活压力太大而心情烦躁，缺乏耐心，有时也会因为不够细致、不懂感情而少了一些温柔和浪漫。这没有什么大不了的，他压力大的时候你可以给他讲个笑话，让他放松下来。他不懂感情，你可以先制造浪漫的氛围，给他做出示范，引导他学习。

有时女人则会使点小性子，发发脾气，这也没有什么大不了的。当女人使小性子发脾气的时候，你给她一个小惊喜，如送一束花、送一盒巧克力等，她就能破涕为笑。

最好的搭档不是你为了他做了多少牺牲、拔掉了身上多少根刺，而是他强的时候你弱，你强的时候他妥协，像齿轮一样紧密地咬合在一起。当我们做到这些之后，也许就会发现亲密关系从没有改变过，一直都像是我们最初体验过的那样甜美、幸福。

◎ 亲密关系中的几种“毒”

“你可曾见过这世间有一对完美的夫妇没有猜忌愤怒？我倒认识一对，就是结婚蛋糕上的两个小人，因为他们从不需要面对彼此。”

——《绝望的主妇》

每段亲密关系的开始都是甜蜜和幸福的，但是这种甜蜜和幸福并不一定能持续下去。我们见过太多曾经如胶似漆、最后反目成仇的夫妻。那么我们究竟该如何做才能让自己的亲密关系避免出现这种结果呢？

想要找到这个问题的答案就要知道究竟是哪些因素导致我们的亲密关系走向终结。

★ 厌倦

相当一部分人建立起亲密关系是因为新鲜感。但是从无比浪漫的恋爱到柴米油盐的婚姻，双方在一起的时间越来越久，对彼此的了解也越来越深，新鲜感和浪漫开始消散。

过分的熟悉让我们对感情感到厌倦，这种厌倦对亲密关系是致命的。如果我们无法意识到亲密关系陷入了这种危机，这段关系必然走向终结。

当对亲密关系感到厌倦时，我们可以从下面几种表现中有所察觉。

第一，不再表达自己的爱意。在刚建立亲密关系的时候，每天我们都会说一些甜言蜜语，还会试图给对方制造一些浪漫或者惊喜，这些都是爱意的表达。当我们不再愿意说一些甜言蜜语了，不再愿意费尽心机地在一些重要的日子制造浪漫和惊喜时，此时的亲密关系很可能已经进入了厌倦期。

第二，不再关注对方。处于热恋期的伴侣总是时刻关心对方的一举一动，无论是 QQ 更新签名还是微信上发的朋友圈，伴侣总是试图从这些信息中揣摩对方的心思。如果伴侣不再关心这些，甚至不再关心对方每天都在做什么，那么也代表着这段关系进入了厌倦期。

第三，只注意对方的缺点。每个人都有自己的优点，每个人也都有自己的缺点。在热恋时我们通常关注的是对方的优点，也正因如此，我们才能和对方走在一起。如果开始发现伴侣只注意缺点，不再注意优点，那也代表这段关系开始进入厌倦期。

第四，不再沟通。在刚恋爱时双方通常有说不完的话。然而随着时间的流逝，有时我们会突然发现自己和伴侣不知道从什么时候起，除了必要的交流已经不再沟通，即使一方有沟通的意愿，另一方也总是敷衍了事，希望尽快结束对话，这也是厌倦期的表现。

其实，随着时间的推移，亲密关系的双方并没有发生变化，发生变化的只是内心。当感情开始出现以上症状时，我们就要警觉，采取行动避免这些症状持续出现。

★ 依赖

在亲密关系中，双方的关系应该是独立平等的。当然，这里的平等并不是绝对的平等。在亲密关系中依赖是可以存在的，但是需要把握好依赖的尺度。

如果其中一方过于依赖另一方，这对被依赖的一方是不公平的，这份感情也是沉重的。长期如此，被依赖的一方会不堪重负，最后选择放手。

亲密关系中的过度依赖并不是简单意义上的做什么事情都要依靠对方，很多时候它是通过其他不易察觉的方式表现出来的。例如，亲密关系中的一方总是希望对方可以足够爱自己，并按照自己希望的方式爱自己。如果伴侣做不到这一点，他们就会将自己置于受害者的位置，指责对方不够爱自己、不够关心自己。

又如，亲密关系中的一方总是缺乏安全感，对另一方存在信任危机。他们一直充满了恐惧和担忧，然而又无法处理这种情绪，所以就会把问题转嫁到伴侣身上，希望能从伴侣身上寻找安全感，但总是失败。原因很简单，安全感不是来自他人，安全感只能源于自己。但是他们不知道，于是将愤怒的情绪发泄在伴侣身上。一旦亲密关系陷入这种局面，被依赖的一方就会感觉自己像是被套上了枷锁一般，彻底失去了自由。没有人能长时间忍受这些，当忍受到达临界点后，这段亲密关系也就此结束。

★ 自私

自私是人类的本性，但是这种本性可以在后天的教育和学习中被逐渐淡化，然而有的人没有改变这一本性。

亲密关系需要两个人共同经营，当两个原本独立的人走到了一起，建立了一段亲密关系之后，伴随这段关系而来的必然是牺牲，每个人都要为这段关系做出一部分牺牲。如果其中一方太过自私，总是将自己的利益放在双方的利益之前，那这段感情也就离结束不远了。

只有一方愿意为两人的未来拼搏努力，而另一方则只愿意优先考虑自己，只想要享受和安逸，这种亲密关系很明显是不会幸福的，也绝对不会稳定。只有两人共同努力，一起为两人的美好未来奋斗，才能保证亲密关系的稳定和幸福。

★ 缺乏沟通

“不再沟通”是对亲密关系厌倦的一种表现。如果双方本来就缺少沟通，这会让亲密关系从一开始就走向死路。

有人问过我一个问题：“我在亲密关系中付出了许多，一心想要维护这段感情，同时我也能感受到对方也是珍惜这段感情的，但最终还是以失败告终。这难道就是没有缘分吗？”

我的回答：“也许你们不是没有缘分，而是缺乏沟通。”

有时在一段亲密关系中，双方非常努力，希望这段感情能幸福美满，但结果总是事与愿违，不得不在痛苦中结束这段感情。其实想要改变结局的方法非常简单，两人只需要进行一次沟通，问对方希望得到什么样的爱。

然而就是这样一件简单的事情，很多人从没有做过，他们都在用自认为正确的方式来爱对方，从没有考虑过对方真正想要的爱是什么样的。

有人认为爱是一件非常简单的事情，但我从不这样认为。因为爱的方式有很多种，每个人希望得到爱的方式也各不一样。如果我们发现自己得到爱的方式并不是想要的方式，那么请和对方沟通，告诉对方自己需要什么样的爱，同时了解对方想要什么样的爱，不要让两人猜来猜去。

如果无法做到这一点，即使两个人非常努力，这段感情也不会有一个好的结局。

第 8 章
财富的密码：我与金钱

◈ 抛却固有偏见：金钱并不势利，机会人人均等

“我相信全身心的浸入，如果你想富有，你就要用这样的想法武装自己的脑子。你一定要清除掉所有会让你成为一个穷人的思想，用新的想法——那些能让你发财的想法，将其取而代之。”

——《华尔街之狼》

财富分为物质财富和精神财富。在开始有关金钱和财富这一章内容时，我主要谈物质财富，但我想先讨论下应该用什么样的态度谈论“金钱”。

人们会尽一切努力避免谈论金钱，我们谈论生命、谈论人生、谈论爱情、谈论事业，但是就不谈论金钱。

当我们不得不谈论金钱时，我们避重就轻地说“理财”，或者把我们的欲望加以粉饰：“做自己的事业”“追求自己的梦想”。但是事业和梦想往往也和金钱息息相关。

承认吧，金钱是我们追求美满人生的重要基础，是我们实现梦想、开创事业必不可少的一部分。

热爱金钱并不可耻，首先我们要承认自己的渴望，承认金钱对我们很重要，这是一切的开始。如果我们想要获得一样东西，至少得先正视它。

第二件事，是我们对金钱的认知。

一次，我在和一位朋友聊天的时候聊到有关金钱的话题，这是一个比较吸引人的话题。贫穷的人希望通过这个话题发泄对于金钱的不满或者找到获得金钱的途径，富有的人则希望通过这个话题展示自己的成就或者找到让金钱变得更多的方法。

和我聊天的这位朋友不算是贫穷者，也不算是富有者，而是处于两者之间的位置，也就是我们常说的中产阶级，不过这位朋友的心态则显得极端一些。

在聊天的过程中，她不断抱怨当今社会贫富差距太大，抱怨金钱越来越重要，也越来越难以获得。

不断抱怨甚至让她对未来产生了恐慌，她非常担心未来的自己会成为一个贫穷者，会极度缺乏金钱，会按照达尔文的进化论逐渐被社会淘汰。

我这位朋友对金钱的焦虑其实并不是个例，根据我的了解，相当一部分贫穷者或中产阶级都有类似的想法，他们抱怨金钱的不公，金钱似乎只青睐已经富有的人。

他们认为社会发展的趋势是富有者像“吸金石”一样不断地吸取金钱，而贫穷者和中产阶级因为自身对金钱的吸引力太小，所以金钱会不断被富有者吸走，最后变成极度贫穷者。

这些人的担忧和抱怨并不都是毫无根据的，但是我们每个人无论当下的境况如何，都有机会获得金钱，并且机会是均等的。金钱的大门从来没有选择性地对某些人打开，再对某些人关闭，它公平地矗立在我们每个人的面前，想要获得金钱我们需要做的就是上前推开金钱的大门。

一部分人站在金钱大门的面前勇敢地推开了大门，获得了大量的金钱，成为世界上的富有者。与此同时还有很多人总是站在金钱大门前止步不前，忍受着贫穷和痛苦的折磨，这些人就成了贫穷者。

为什么这些贫穷者不愿意推开金钱的大门，甘愿忍受贫穷痛苦的折磨呢？没有人愿意忍受折磨，这些贫穷者之所以站在金钱的大门前止步不前，只是因为他们认为金钱的大门已经关闭并且被上了无数道锁，自己绝对无法推开，所以他们只能在大门外徘徊。而事实上金钱的大门虽然是关闭的，但是没有锁，只要有人愿意尝试就可以推开。没有人因为金钱的大门对其彻底关闭而受到贫穷的折磨，只是有人因为种种原因不愿意尝试而成为贫穷者。

很多人总是以为获得金钱的所有途径被富有者垄断，并将这些途径用层层高墙保护起来了，而自己站在了高墙之外，所以根本没有获得金钱的希望。但实际上这些人只是被自己的思维高墙限制了，让自己彻底放弃了对金钱的追求。

虽然竞争日益激烈是未来的趋势，但是只要我们愿意认真寻找，依然可以找到获取金钱的正确途径。

每个人都有获得金钱的机会，但并不是每个人都可以抓住机会。贫穷者拥有的金钱之所以和富有者相差很多，只是因为他们没能抓住获得金钱的机会。

在《独立宣言》中有这样一句话：人人生而平等，造物者赋予他们若干不可剥夺的权利，其中包括生命权、自由权和追求幸福的权利。

每个人生下来的确都是平等的，但是人和人之间又是不平等的。虽然每个人看上去大体上是相同的，都有一双手、一双脚和一个大脑，但是不同人的思想有着巨大的差异。这种差异从外表上无法看出来，但是它确实存在，并且非常明显。也正是因为人和人有了思想上的差异，所以才造就了贫穷者和富有者。

当深陷贫穷的时候我们会抱怨：抱怨社会不公、抱怨金钱不公、抱怨运气从来没有站到自己这一面。认为上天偏袒富有者，让好运气都在富有者那里，并且幻想假如上天将好运气给了自己，那么自己的金钱绝对要比现在的那些富有者更多。

但是这种思考只关注了自己和富有者相同的地方，如有着大致相同的身体，没有注意到自己和富有者在思想上的差距。

我一再强调金钱对每个人都是平等的，就看我们是否能够抓住获得金钱的机会，贫穷者和富有者的区别不能从外观上发现，我们需要做的就是改变自己的思想，紧紧抓住那些稍纵即逝的机会，依靠自己的思想获得金钱。

即使是在乌托邦社会中，金钱也不是平均分配的，而是根据每个人的价值大小分配。我们不会因为有人的价值高获得的金钱多而变得贫穷，属于我们的金钱一直在原地等待我们去发现。富有者可以做到的事情我们同样也可以做到，只要我们时刻做好准备，迎接机会的到来，不错过任何一个获得金钱的机会。

◈ 成为富有者：一项罕见且可以被习得的技能

“总有人要赢的，那为什么不能是我？”

——科比

NBA 前球员科比，在谈到自己的职业生涯时，说：“总有人要赢的，那么为什么不能是我？”

我从这句话中感受到了科比那种非凡的自信。没有信心，什么也办不成。对于成金钱也是如此。总有人要成为有钱人，那么那个人为什么不能是我？

一次和朋友聊天，朋友严肃地向我提问；“这世界上有三个字对我们来说是非常危险的，你知道是哪三个字吗？”

我想了半天也没有想出答案。朋友告诉我：“我知道。”

我问：“为什么是这三个字？”

“因为我们经历过，所以才会知道。如果我们只是听说过、看到过、了解过，还不是真正地知道。因此，如果我们在金钱上没有达到理想的状态，那么还有很多需要我们学习的东西。而当我们明明不知道一件事，却自以为自己知道时，这就陷入了一个很危险的境地，因为我们将拒绝学习。”

朋友在回答完之后对我说：“如果你对自己的状态不满意，这表示一些事情你还不知道，所以去学习吧。”

有时候我们想要证明自己所做的一切都是正确的，于是就给自己戴上一个“我知道”的面具，大声地告诉其他人我都知道，现在自己的不如意只是暂时的，只是因为倒霉而已。这其实是一种自欺欺人。

★ 成为富有者的重要方法：学习

有时我们会给自己寻找不学习的借口，如我没有时间，我没有精力，所以我无法学习。然而，大多在金钱方面较为宽裕的人认为，无知使人贫穷。

每个人都听过“知识就是力量”，是的，知识可以转化为力量，而力量可以帮助我们脱离贫穷，让我们在金钱方面有所收获。

为了成为一个富有者，一个非常重要的方法就是不断学习，学习如何管理金钱。因为管理金钱需要一定的技能，只有拥有这项技能，才能让自己的金钱持续增长，而不是让自己的金钱始终保持不变或者不断减少。

成为富有者是一项技能，这项技能和打篮球、弹钢琴的技能没有本质的区别。也许我们一开始在这方面表现得非常差，但是这并不能代表我们无法学会这项技能。就像没有人一出生就会打篮球，要想成为篮球运动员需要学习；没有人一生下来就会弹钢琴，要想成为钢琴家需要学习。管理金钱也是如此，没有人一生下来就是财务天才。每个富有者都曾经努力学习如何在获取金钱方面取得成功。既然有人可以通过后天的学习，学会管理自己的金钱，那么我们也可以做到。

★ 向有实际成绩的人学习

此外，富有者还善于向那些自己想成为的人学习，向那些已经取得实际成绩的人学习。富有者非常希望从这些人身上学习经验，希望获得这些人的忠告。

我的朋友告诉我这样一个故事：一位登山者想要登上珠穆朗玛峰，为了保证自己的安全，他开出高薪想聘请一位专业的向导。很快就有向导前来应聘了。一见面，这位向导就拿出相关资质，证明自己是一位非常专业的登山向导，把登珠穆朗玛峰的装备选择、登山路线、攀登方法、注意事项等问题介绍得非常清楚。

可以看出这位向导为此次应聘做足了功课，同时在登山方面也有非常专业的知识。然而登山者听完这位向导的介绍之后只问了一个问题："你登上过珠峰吗？"登山者立刻没有话说了，很明显他没有登上过。登山者也很自然地把他礼貌地送了出去。

这个故事有点好笑，是啊，我们如果想要登上珠穆朗玛峰，会请一个没有登上过的人当向导吗？当然不会。学会获取金钱也是如此。

我刚才说过，成功也是一种技能，每种技能都可以通过学习获得，但是也只能向那些已经掌握这项技能的人学习，如很多运动员退役后转型成为教练。

我们想要成为富有者就必须不断学习，包括向他人学习。但是我们不需要向那些仅拥有足够理论知识的人学习，我们需要向那些已经成为富有者的人学习。

★ 培养自己成为成功的人

现代人大多都把成功和金钱画上等号，虽然这种看法并不准确，但也有一定的道理，因为很多人想要成功就是为了得到金钱。这里的成功并不是指物质上的成功，而是思想和品格上的成功。

当我们在思想和品格上成为一个成功的人，我们自然就可以在自己做的每件事情上获得成功，我们也就有了选择的权利。

假如我们没有在思想和品格上成为一个成功的人，但是也成了一个富有者，拥有大量的金钱，可能是因为运气很好，但这种富有很难长期持续。而如果我们在思想品格上成为成功的人，我们不但能创造财富，还能维持这种状态，并让金钱不断增加。

成功和金钱的正确关系是我们首先要成为一个成功的人，有能力做自己想做的事情，获得想要的金钱，成为一个富有者。

而不是我们先成为一个富有者，才去做想做的事情，再成为一个成功的人。

◎ 积累财富第一课：忘记那些不切实际的“人生梦想清单”

我很理性。很多人比我智商更高，很多人也比我工作时间更长、更努力，但我做事更加理性。你必须能够控制自己，不要让情感左右你的理智。

——巴菲特

理想很丰满，现实很骨感。骨感的现实会让我们产生一种深深的挫败感，为了抵御这种挫败感我们会买无数本励志书，把书中的主人公作为自己的榜样，信心满满地制订一系列学习、工作、实现梦想的计划。

现实总是和计划有出入，不同的计划把我们的所有空闲时间安排得满满当当，最后我们却发现自己根本没有足够的时间和精力执行这些计划，因为对于在金钱方面较为匮乏的人来说，当下最重要的事情是解决自己的温饱问题。

如今无论我们现状如何、基础如何，总能找到一些和自己匹配的励志故事来激励自己，从而让自己相信未来有无限的可能，并且相信自己能够功成名就、财富满满。

我们可以为自己列一个长长的“人生梦想清单”。清单上也许写着环游世界、极地旅行、攀登珠穆朗玛峰、企业上市、成为亿万富翁等，这样自己看上去似乎是一个有胆量、有理想、前途远大的年轻人。

在这些理想的另一面，也许我们正在为下个月的房租发愁，也许我们一年存的钱都不够付登珠峰的许可证费用，也许我们还在为找工作而一筹莫展。

★ 加大进口，减小出口

有人曾对我说：“吸引力法则告诉我们诚心地想要什么就可以得

到什么。”是的，吸引力法则的含义的确如此，但是应验吸引力法则需要一个基础：我们能把思想和精力集中在一个区域，而不是同时关注数个人生理想，不能。

现实是我们创造多少价值，就能得到多少金钱。很多人不知道自己应该如何创造更多价值，却有强烈的提前消费欲望。

我们可以将自己的金钱看作蓄水池中的水，这个蓄水池有一个进水口，还有一个出水口，当从进水口进入的水多于从出水口出去的水时，我们的金钱就会越来越多。反之，出水多于进水，我们就会越来越贫穷。这个比喻非常形象、简单，每个人一听就可以懂。

虽然每个人都明白这个浅显的道理，但是现实和我们希望的正好相反。如今我们所处的社会是一个消费社会，整个社会都以消费为中心，而众多商家也在不断想出新方法激起我们的消费欲望。

很明显，在商家精心策划的、促进我们消费的手段面前，多数人都无法抵挡，从而造成金钱的出水大于进水，让我们总是处于贫穷状态。

既然我们已经知道了金钱匮乏的原因，那么我们需要做的就是尽可能地缩小金钱蓄水池的出口，将自己全部的资源用于扩大蓄水池的进口上。

不过，现实是我们每个人的自控能力都是有限的，而周围又有无数事情在分散着我们的注意力，其中很多事情在让我们的金钱蓄水池出水，这就让我们很难严格按照自己的计划进行，并且我们还会受到因提前消费产生的负债影响，让我们无法专心提高自己。想让金钱蓄水池充裕起来，首先要做的就是严格控制出水口，再扩大进水口。

严格控制金钱的出水口非常重要的一点就是杜绝不必要的提前消费。信用卡、各种分期服务时刻在诱惑我们提前消费，但是很多提前消费都是没有必要的，如为了购买一件相当于自己月收入的名牌衣服而进行的提前消费，如为了让自己跟上潮流而提前购买了一款新型电子产品等，都是不必要的，我们需要杜绝的正是此类提前消费。

和所有改变一样，这同样是一件非常困难的事情。对于很多在金钱方面并不富裕的人来说，杜绝不必要的提前消费意味着彻底改变自己的消费观念。但是为了让自己的金钱缓慢增长，这是必须经历的过程。

控制金钱的出水口还需要明白一点：我们是无法通过消费取得进步的，只有专注于提高自己才能让我们取得进步。很多人对金钱有强烈的渴望，但也正是这种渴望很容易让我们掉进消费陷阱：为了提高自己愿意花费大量的金钱。

我不否认提高自己需要一定的投入，这是必要的。但是很多时候我们为了提高自己花费了大量的金钱，最后完全没有任何的效果，反而增大了我们金钱的出水口。例如，我们为了提高自己购买大量的书籍，但是最后一本都没有看；为了提高自己花费高昂的学费去听一些并不切实的成功学培训，学习了一大堆知识，但是生活并未因此改变。

为什么？因为我们错误地以为花钱可以提高自己，并且花费金钱的多少和自己提高的程度成正比，所以我们在这方面并不吝啬，这一点和如今很多家长花重金对待孩子的教育非常类似。但是我们从没有意识到提高自己的关键不是在投入金钱上，而是在我们自己身上。如果我们不能严格要求自己，将所学习到的理论变为自己的行动，那么一切所谓的提高都是毫无意义的，只能浪费我们的时间和金钱。

不要过分放大金钱对提高自己的作用，不要让提高自己成为扩大金钱出水口的理由。如果我们曾经为了提高自己花费了大量的金钱，那么我们现在就需要思考自己的投入和产出是否成正比，投资的收益率究竟是高还是低？

此时我们再来看很多人都拥有的长长的“人生梦想清单”，很明显，那上面的很多梦想都只是在浪费我们有限的资源，是金钱的出水口。这些不切实际的人生梦想让我们总是在羡慕他人的生活，让我们不满意现在的一切，让我们讨厌自己所拥有的一切，也让我们不断地迷失方向。

虽然我也拥有梦想，但是我没有不切实际的“人生梦想清单”，因为我知道自己的金钱、时间和精力都是有限并且非常宝贵的，所以我只能把它们投入在最需要的地方，而不是投入在整张“人生梦想清单”上。

人需要梦想，但是大多数人的经历都告诉我们在设定人生梦想的同时也需要考虑现实。是时候给自己的“人生梦想清单”减负了，让我们集中自己有限的资源朝着一个符合现实的梦想前进。

◈ 现在就开始行动：付出行动的三个层次

“我说的是三只小鸟想飞上天，又没有说已经飞上了天。”

——来自童年伙伴的脑筋急转弯

童年的某一天，我的小伙伴给我出了一道脑筋急转弯：

在一棵大树上站着四只小鸟，这四只小鸟出生没多久，虽然已经学会了飞行，但是大多数时间还是在树上等待父母喂养。一天，天气非常好，四只小鸟中有三只小鸟看到天空中有其他小鸟在飞翔，它们也想一起上天。那么请问树枝上面还剩几只小鸟？

当时年幼的我立刻高声回答说："还剩一只。"

小伙伴听了之后哈哈大笑，对我说："还剩四只。"

我不服气地问："怎么可能还剩四只，不是飞走了三只吗？"

小伙伴理直气壮地回答说："我说的是三只小鸟想飞上天，又没有说已经飞上了天。"

我顿时哑口无言。

三只小鸟想飞上天，但是又没说已经飞上了天！

我一直记得这句话，在我的人生阅历比较丰富的今天，再看这句话就有了新的含义。的确如此：想做一件事情的人很多，但是做一件事情的人要少很多，想并不代表就会去做。

我们大多数人对待金钱的态度正是如此：虽然每个人都想获得金钱，但并不是每个人都愿意付出行动。很多人十分想拥有金钱，甚至晚上做梦都会梦到金钱，但是他们的生活并没有因此改变。因为他们没有为自己的想法付出任何行动，或者付出唯一的行动就是购买彩票，然后再抱怨生活，抱怨自己没有能够获得金钱的运气。

我们可以有各种各样的想法，因为任何事情的成功都始于想法。在我们只有想法没有行动之前，这一切都只是空想而已。直到我们开始行动，人生才会发生转变。

我们都想拥有金钱，但少有人为之付出行动。

我曾经认为金钱对人生并不重要，但这并不代表我不追求金钱。因为在我看来，金钱不过是活在当下的必需品，并没有其他更多的价值。

随着经历不断增多，我对金钱的态度也发生了变化，开始意识到金钱是重要的。认为金钱重要和拜金没有任何关系，因为每个富有者都是看重金钱的人，但是他们看重的并不一定是金钱带来的享受，他们之中很多人是把金钱看作衡量自己价值的标准。

“想拥有巨额的财富，不想成为一个穷困潦倒的人。”我想这个想法是如今大部分人共有的。虽然我也相信有极少的一部分人能不受金钱的诱惑，但是绝大部分人是无法做到这一点的。

然而在这个世界上有钱人终究只占很小的一部分。当我们询问一个人是否想要获得金钱的时候，大多数人会非常坚定地告诉我们“是”，但是为什么只有少部分人能够获得巨额的金钱？当我们愿意为金钱付出行动时，这是一个好的开始，但这并不代表我们一定就能实现想法。因为付出行动也分为 3 个层次。

★ 第一层：如果金钱掉到我的面前我会捡起来

在愿意为金钱付出行动的人群中，有一部分人的态度是“金钱掉在我面前我愿意捡起来”。

当我们意识到光空想是不可能获得金钱的时候，就会为之付出行动。但是我们也仅是付出了行动而已，并没有付出辛苦和努力。我们说的要远比做的多得多，所以当我们处于这种状态时，只有金钱在我们面前，我们才会捡起来。

此时，与其说我们为金钱付出了行动，更像是我们为了安慰自己而付出了行动。我们不甘于碌碌无为，却又不愿意为想要的东西付出辛苦，就用“已经尝试过”这种想法聊以自慰。

★ 第二层：如果金钱在前方 50 米处我会加速冲刺捡起来

一般来说，付出和收获是成正比的，这就意味着我们想要获得金钱就必须付出努力。当我们意识到这一点时，就进入了为金钱付出的第二个层次。

处于这个层次的我们不再对金钱抱有不切实际的幻想，如幻想自己能获得意外之财，于是我们朝着金钱的方向一路狂奔，但此时我们对金钱的态度依然不够坚定。虽然我们愿意付出努力，但是我们依然会在狂奔的过程中思考：为了金钱我这么付出值得吗？为了金钱我牺牲了健康怎么办？为了金钱我们失去了朋友怎么办？金钱是赚不完的，所以我还是不要太拼了吧。于是我们就悄悄放缓了前进的脚步。

然而我们真是担心健康、担心失去朋友吗？事实上，大多数时候这些只是我们为自己寻找的借口，因为我们不愿意付出更多的辛苦和努力。

★ 第三层：我致力于获得金钱

什么是“致力于”？“致力于”在这里就是在道德和法律的规范内，一心一意为获得金钱而努力，没有任何借口，也不允许失败。

也许有人会对我说："我已经很努力了，我每天都在加班，但是依然没有获得很多金钱。"

对于有这种想法的人，我只能说你还没有明白"真正致力于获得金钱的意义"：致力于获得金钱，并不是要我们除了保持最低睡眠标准以外，将其余的时间全部投入工作。因为获得财富，不只是拼命干活就可以！更重要的是，它还需要我们灵活地动用自己的大脑。

那些真正致力于获得金钱的人，并不一定是劳模式人物，但是他们的大脑总是在高速运转，时刻提醒自己的目标所在！为实现自己的目标，制订一个又一个获得金钱的计划，然后行动。

★ 得效率者得天下

很多人曾经对我说过，他们非常渴望获得金钱，但是在获得金钱的道路上一直不顺。

他们明明有明确的目标和抓住机会的思想，但是在朝着金钱的大门前进时，总感觉缺少时间和精力，"心有余而力不足"。

对于向我提出类似问题的人，我的回答只有一个："你缺乏的只是效率。"

也许有人对我给出的这个答案不屑一顾，认为只想追求高效率，却不想努力加班，只是将上班时间投入到工作中，这怎么可能成为富有者？我不否认在获得金钱的道路上需要我们努力工作，但是我们还需要明白一点：只是努力工作是很难让我们成为富有者的。

那些财富远超埋头努力工作者的人一直在做高效率的事情，也就是做那些能为他们带来更多金钱的事情，尽量不做那些效率低的事情。当我们有了明确的目标，有了抓住机会的思想后，接下来需要做的就是每天坚持朝着目标努力前进，相信总有一天可以实现自己的目标。

但是我们在追求金钱的道路上也不能过于心急。我们不能为了快速获得金钱不择手段，因为我们必须思考有关效率的问题，这也是获得金钱的关键所在。每个人的时间和精力都是有限的，只有我们确保自己所做的事效率很高，才能实现自己的目标。当我们能确保效率之后，就会发现获得金钱并没有我们想象得那样复杂。

所有人在做事的时候都希望自己可以付出少、收获多，而不想辛苦地付出只得到较少的收获。在追寻金钱上我们也应该如此，所以我们需要将自己有限的时间和精力放在一件有助于获得金钱的事情上。因为从效率上考虑，当我们的精力处于枯竭边缘时，做事的效率将大大降低，并且一旦筋疲力尽之后想要恢复也需要花费大量的时间，这明显不是一个提高效率的方法。

明白这些之后，我们在做任何一件事情之前都先要问自己几个问题：这件事情是否有助于我更进一步地实现目标？做这件事情需要我投入多少时间和精力？做这件事情能给我带来什么样的收益？如果在思考之后对这些问题的答案都是满意的，那么我们就可以着手去做了。但是如果得到的答案是我们不满意的，那就需要慎重考虑，因为此时我们去做，很可能会得到事倍功半的结果，甚至完全无用。

就像精明的商人每做一笔生意都会精打细算，确保付出可以为自己带来收益。对我们来说同样如此，只有坚持对每件小事都如此，才能够获得金钱的青睐。

也许有人对每件小事都要仔细考量而感到不屑，那是因为他们不知道成功是由无数件小事积累起来的。根据吸引力法则，当我们愿意做并且正在做那些高效率的小事时，它们将吸引更多高效率的事情靠近我们。

我在前面提到获得财富需要拼命工作，但是对那些掌握了高效率做事原则的人来说，他们拼命工作的状态只是暂时的；而对不懂高效率原则只想拼命赚钱的人来说，这种状态就是持久的。

也许有人看到这里突然想起来：这不是我们经常说的财务自由吗？是的，这就是我们常说的财务自由。大多数人追求金钱是为了实现财务自由，而实现财务自由的通俗定义：你的资产产生的被动收入等于或者超过你的开支，此时就可以称为财务自由。而资产产生的被动收入从某种角度来看，就是通过操控金钱获得的收入，如股票、房产、基金之类的收入。

在贫穷者眼中，1 元钱就是 1 元钱，它只能购买 1 元钱的东西，没有其他意义。而在那些富有者或者懂得高效率原则的人眼中，1 元钱就是一粒种子，当他们精心培养这粒种子一段时间之后，1 元钱可能变成 100 元钱，然后他们会继续将这 100 元钱变成种子，培育出更多的金钱。

我们在懂得了金钱的高效率原则后，需要面对自己的工作和金钱，制订一个全新的金钱计划，让金钱代替自己去工作。

◈ 终极密码是信心：我没有任何理由不接受原本属于我的财富

“要表现得像是一个现成的高富帅一样，这样你就肯定会变成真的高富帅；要表现得你有无敌的信心，这样人们自然会对你有信心；要表现得你有无与伦比的经验，这样人们才会听信你的意见；要表现得像是已经取得巨大成功的人，这样你最终会和我一样取得成功。”

——《华尔街之狼》

有太多人在金钱这件事上缺乏信心，他们最常说的话：是你的就是你的，不是你的就不是你的。

有一次我和一个朋友谈起我们共同的朋友，这位朋友和我们一起长大，在大多数人眼中，从小他就有着非同一般的自信，长大以后他果然有了一番作为。

在谈起他时，我夸奖他的能力和努力。我的朋友却说：“这都是命。”

我可不这么认为啊！当我们认为别人的成功和富有是命时，我们就会忽视他的努力。更可怕的是，我们会把别人的成功当作运气，这就意味着我们会把自己的失败当作运气，把自己不富有的当下当作我们的运气。

运气是注定的。所有成功者都坚信这一点，而我要告诉你：金钱对我们很重要，而要获取金钱，我们首先要拥有“自己可以获得金钱”

的信心。

你要相信：这个世界上一定会有一大笔财富是属于你的。而你所有的努力，就是要拿到属于自己的财富！

★ 信心是每个人的终极财富密码

现在我们已经对金钱有了足够的了解，知道了每个人都拥有获得金钱的机会；知道了获得金钱需要我们的行动而不只是想法；知道了获得金钱需要我们不断学习；知道了扩大金钱进水口，控制金钱出水口；知道了在获得金钱的道路上高效率是非常重要的原则。那么现在我们就可以开始自己的追寻财富之旅了吗？等等，我还需要再说一个获取金钱必备的东西，这就是信心。

无论我们想要做什么事情，在开始做之前有无信心在很大程度上决定我们是否能够取得成功，所以在开始追寻财富之前，我们必须对自己有充足的信心，当具备这个条件时，我们就有了成为富有者的基础。

“每个人都可能成为富有者”并不是一句口号，也不是鼓励用语，而是事实。我们有时会在自己的周围发现这样的人：他们有足够的能力、准确的判断力、正确的思维，但是没有成为富有者。对这类人通常我们会用时运不济来表达自己心中的感叹，但让他们无法成为富有者的也许不是时运，而是信心。

如今为什么有无数人无法摆脱贫穷，因为他们从一开始就相信自己是一个天生的贫穷者，相信所有通向财富的道路已经被封死，并且他们不断地向自己重复这个信念，最终将它变成现实。

没有哪个人的人生是一帆风顺的，这句话我强调过很多次，它适用于我们所有人，创造财富的过程也同样如此。

在创造财富的过程中，我们会遭遇失败、挫折、打击、嘲笑等，如果我们没有足够的信心，那么当我们遇到这些事情时，就会因为害怕再次遇见相同的情况而不愿意再做出尝试，这就等于我们主动放弃了追寻财富的梦想。

当我们对一件事情有足够的信心时，我们会超常发挥能力，从而做到一些平时看起来不可能的事情，这也让我们获取财富变得容易了很多。反过来也是相同的，当我们做一件缺少信心的事情时，我们拥有的能力就无法充分发挥，一些平常看起来非常容易的事情此时做起来也将变得十分困难，通往财富的道路就变得荆棘丛生。

我曾不止一次在一些失败者的口中听过这样的话语："我在第一次做这件事情时就感觉不靠谱""我在没有做之前就已经考虑到会得到失败的结果"，等等。这些人在做一件事情之前就抱着"我不认为能成功，不过还是尝试下"的态度，所以他们成为失败者我一点儿都不感到奇怪。

很多时候，事情的成功与失败就在我们的一念之间，信心就是这一念。相信我们会成功，那么事情的结果就是成功。信心决定了我们可以取得的成就大小。而那些相信自己天生是贫穷者、自己无法获得财富的人只能一直成为贫穷者，因为他们不相信自己能够富有，所以他们一直贫穷。

如果我们了解过当今著名的富有者就会发现，他们拥有的财富多少不同、秉性不同、为人处世的方式不同，但是他们都相信自己拥有巨大的价值，所以他们能创造巨大的价值；他们相信自己能够解决一切难题；所以当难题出现时他们就真的解决了；他们相信自己能成为富有者，所以他们就真的成了富有者。

有时我们需要时常提醒自己：你远比自己想象得出色，你能够成为一位富有者。那些成为富有者的人并不是超人，他们和我们一样一天只有 24 小时，每天也需要吃饭、睡觉，他们没有命运之神的眷顾，也没有神奇的致富秘诀，他们有的不过是正确对待金钱的思想，一些获得金钱的技巧和对自己成为富有者的信心。

我们每个人的行为都源自思想，如果我们想象自己只能取得小成绩，那么得到的就是小成果；想象我们能取得大成绩，那我们就会有大成功。

信心让我们相信自己拥有能够实现目标的能力；信心不仅让目标成为我们头脑中的一个想法，更是让目标化作我们行动的动力；信心让我们知道只要自己坚持前进，心中的目标就可以实现。

已经有无数人、无数故事证明了信心对人的积极作用，那为什么信心会拥有这么大的力量呢？虽然无数人试图解释清楚这个问题，但是并没有一个准确的答案。其实为什么信心拥有这么大的力量并不重要，重要的是我们要知道它拥有力量，并且可以学会使用这种力量。

我们不要总认为自己和富有者之间有一道不可跨越的鸿沟，其实也许我们缺少的只是让自己成为富有者的信心。当我们怀揣成为富有者的坚定信心时，不用再犹豫，这就是我们踏上寻求财富的好时机。

最后还是以电影《华尔街之狼》的一段话做结尾：

“如果你想发财，永远不要放弃。人总是想着放弃。如果你坚持了，你就会出人头地，胜过绝大多数人。更重要的是，你要明白：当你努力做事时，你可能会失败。但是，失败并不是因为你是一个天生的失败者，而是因为你还没有完全摸到门道。每次用不同的方法去尝试，总有一天，你会完全弄明白的。失败是你的好朋友。”

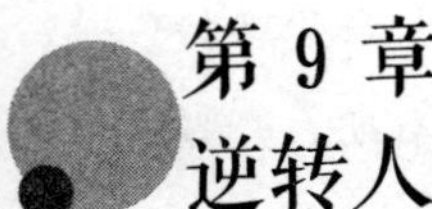

第 9 章 逆转人生的魔力支票：成为自己宇宙的中心

◎ 我才是我宇宙的中心

“你连自己都不爱，又怎么可能爱别人呢？”

——聪明的你回答我

“我最感兴趣的是……”

“我新买了好多化妆品，每个都是限量版……”

“我去法国玩的时候……”

“我的老师对我说……”

“他们都特别喜欢我……”

我对面的姑娘还在喋喋不休地说着，我一边假装不经意地看看手表，一边默默地叹了口气。她已经不停地说了 45 分钟，可怕的是，在这个过程中，我也有 15 分钟没说话了。

我一直在想，她什么时候会发觉我已经很久没有说过话了，但她竟然一直没有发觉。在她喋喋不休的过程中，几乎每句话都有一个"我"，每个话题都是围绕她自己。

最初，我还有心情回应她：真的吗？是吗？那太好了。

后来，我干脆不再说话，看她什么时候发现。遗憾的是，她始终没有发现，而那些话题在她身上转来转去，结构精巧，无缝对接。

这位姑娘的父母都是商人，她家境殷实，相貌清秀。毕业于艺术院校的她，看上去非常有气质。这样一个姑娘，却是一个孤僻的人。她几乎没有朋友，也很少有人和她主动交流。她求助于我，说自己是不是太过优秀而引起他人的嫉妒，所以没有人愿意和她做朋友。

除了在友情上不得人心，她在情场上也屡遭失意。虽然她这些年也谈过几次恋爱，但是每次都无疾而终，并且结束得非常迅速。她始终不明白自己为什么会这样。

直到一次偶然的机会，我和这位姑娘碰到了。她向我求助，于是我们便到一个咖啡厅坐了下来。

刚见面的时候，我对这位姑娘的印象不错，身材高挑，长相甜美。然而，没想到她只是短暂地抱怨了下没有朋友和恋爱不顺，就开始了无休止地炫耀。

她的自我感觉实在太过良好了，因为在我和她沟通不到一个小时的时间里，她的一切话题都在围绕自己，不是在夸赞自己，就是在说自己感兴趣的事情，完全不考虑谈话对象是否有兴趣。在一开始，她还会时不时地暂停，望向我，想让我对她所说的事情给出回应。很明显，她希望我夸奖她或者顺着她的话题说。

慢慢地，她连我是否给予回应也不是那么在乎了，仿佛只要有人听，她就可以不停地说下去。而在听这位姑娘不停地夸赞自己的时候，我脑补了一个其他人和她聊天时的画面：其他人准备和她分享自己的故事，然而这位姑娘完全不感兴趣，她草草地敷衍几句，兴致勃勃地将话题引到自己身上。

我想任何一个人都不愿意和这样一个人沟通交流，这也是为什么她没有朋友，谈恋爱总是在很短时间内就分手的原因。

在和她聊了一个小时之后，我无法再聊下去了，于是就结束了这次谈话。

这位姑娘为什么会这样？或者说，为什么有时我们会如此热衷于谈论自己，丝毫不关心他人的事情？

事实上，我们有这样的表现，只有一个原因：我们的内心太匮乏，我们太缺乏安全感，所以希望持续获得他人的认可和注意。

在生活中总是不缺少自私的人，这也是我们不喜欢的一类人。因为在我们看来，这类人爱自己胜过爱其他任何人，所以他们做任何事情都是优先考虑自己，但事实并非如此。

一个人会自私并不是因为他爱自己胜过爱其他任何人，恰恰相反，一个人自私是因为他的内心得不到关爱，所以感到内心匮乏，总想从他人那里得到一切。

但是，内心的匮乏是外在的人或物无法满足的，能满足内心匮乏的只有我们自己。这就是自私的人总从他人那里获取，并且这种获取看上去有些贪得无厌的原因。

我们想要无私，不成为别人讨厌的人，就需要学会爱自己。那么该如何爱自己呢？

这里的爱自己指的并不是简单意义上的关心自己，而是需要和自己建立一种良好的关系。无论是父母、家庭还是健康和金钱，我们都与其建立了一种联系。因为我们知道，想要获得幸福就必须和这些事物建立良好的关系。但是我们往往忽略了和自己的内心的联系，我们总是习惯把注意力放在外面的人或事物上，却很少回过头来看自己。正因如此，我们才不够自爱，才会因为内心的匮乏而变得自私。

我们要学会爱自己，学会自我观察。我们要在关注外界的同时，把一部分注意力放在自己身上，不断审视自己。只有这样我们才能感到内心的充实、安全，才能学会爱自己。

一个懂得爱自己的人不需要想他人夸赞自己什么，因为他不需要从别人那里获得认同。他也不会和别人争抢什么，因为他们的内心足够安全和充实。

学会自我观察并不是在短期就能做到的，这需要一个长期过程，需要慢慢培养才可以做到。在自我观察的过程中，我们会发现自己过去一直都不敢面对的缺点和阴暗面，这对我们来说是一个巨大的考验。我们应该做的是用一颗包容的心看待这一切，承认缺点和阴暗面的存在。

◎ 打破恐惧，才能一往无前

“在等待中，年轻人变成了中年人，又从中年人变成了老年人。他所等待的奇迹，始终没有出现。”

——《那个等待的年轻人》

有一个不得志的年轻人，他总是感觉自己怀才不遇，于是就在一天晚上来到当地非常有名的寺庙里问佛祖，为什么自己空有满腹的才华却总没有发挥的地方。

佛祖对年轻人说：“不用灰心，今后你将有机会成为一个非常富有的人，同时拥有一位漂亮、贤惠的妻子。”

年轻人听后非常高兴，心想一无所有的自己以后竟然会变得如此幸福，一定是发生了奇迹。于是，他终其一生都在等待预言的实现。在等待中，年轻人变成了中年人，又从中年人变成了老年人，他所等待的奇迹，始终没有出现。

他的一生都在穷困潦倒的等待中度过，没有钱，没有地位，没有妻子。

这个人死后再次见到了佛祖，他问佛祖为什么当初要骗他，为什么说的一切都没有实现？

佛祖叹了口气对他说：“我当初跟你说的是你有机会成为非常富有的人，还能拥有一位漂亮、贤惠的妻子。在你的一生之中，我已经将获得这一切的机会给你了，但是你没有抓住机会。”

这个人听完之后非常疑惑，不知道佛祖说的话是什么意思。

佛祖接着对他说："很多年前有一个人找到你，他有一个非常不错的赚钱方法，但是自己一个人做不了，所以想与你合作。但你说这个赚钱的方法听起来不错，却从来没有人尝试过，并且在初期要投入一大笔钱，万一失败了怎么办？你拒绝了他。

"两年之后，你认识了一个姑娘，这个姑娘既漂亮又温柔，你非常喜欢她。在此之前和之后你都没有再遇到过比她更好的姑娘。你曾经无数次想要对她表白，但总是害怕这个姑娘拒绝你，于是一次次地放弃了表白的机会，直到这个姑娘彻底消失在了你的生活中。

"那个当初找你合作的人因为你的拒绝只好找到其他人，之后和他合作的那个人成了亿万富翁。而你没敢表白的姑娘其实是喜欢你的，她只是在等待你的表白。不过等了很长一段时间之后，你依然没有行动，最终她决定放弃了，选择嫁给别人，组成了一个幸福的家庭。找你合作的人以及姑娘都是实现预言的机会啊。但是你因为恐惧失败、拒绝而放弃了，这些都是你自己选择的。"

听完佛祖的话后，这个人抱头痛哭，他终于知道了自己一生穷困潦倒的原因，不过一切都为时已晚。

★ 故事的结局，只有尝试过才知道

在我们漫长的人生道路中有无数选择，不过没人知道哪个选择是正确的。所以每个选择在我们尝试之前都充满了风险，我们要做的就是不断尝试，只有尝试之后我们才知道哪个是对的选择。

从某种角度来看，"恐惧"对人类的生存和发展具有积极意义，如果人类没有了这种情绪，就很难在这个世上生存下去。因为恐惧能够让我们知道潜在的伤害或危险。不过任何事情都有两面性，恐惧也不例外。

事实告诉我们：虽然一件事物的发展前途是光明的，但是其发展过程总是充满曲折。

当我们做一件事情的时候，虽然前进的方向是正确的，但是仍有可能发生一些我们不希望出现的意外情况，这也是我们做一件事情的乐趣和意义。

在现实生活中，很多人恐惧一切不希望发生的事情。做生意担心会失败，投资担心会亏损，参加长跑比赛担心得不到冠军……

他们恐惧所有有可能出现的意外情况，不愿意承担任何风险，所以他们不愿意做生意，不愿意投资，不愿意参加长跑比赛……

他们拒绝一切可能发生意外情况的事情，当把这些事情排除之后，他们就会发现待在原地保持现状才是最安全的，于是他们拒绝前进、拒绝进步，只是什么都不做地待在原地。

在他们看来这种选择是最安全的，也是最正确的。但是他们没有想过，这样做的结果就是让一个个机会在手中溜走，庸庸碌碌地过完一生，同时这样的人生也是一眼就可以望到头的人生，因为他们只在原地，从没有前进过。

很多时候恐惧就像一个无形的牢笼，将我们禁锢在原地，不让我们前进。如果无法克服心中的恐惧，那么我们将成为一个既懦弱又保守的人。不过即使我们愿意尝试一件不知道结果的事情也并不代表战胜了恐惧，因为在我们尝试的过程中，恐惧依然会伺机冲出来影响我们，让我们中途放弃。

也许在开始做一件事时，我们信心十足，但是在做的过程中，我们会遇到种种困难，此时恐惧就会乘虚而入，将我们完全笼罩，于是我们选择放弃。

有时候放弃是必需的，如我们在过程中发现选择是错误的，为了减少损失及时放弃。但这种放弃是基于理性分析做出的决定，而不是出于恐惧。

因为恐惧而将做到一半的事情放弃，很容易形成一种思维模式：做这件事困难重重，所以我还是及早放弃吧，寻找其他更好做的事。

当形成这种思维模式之后，我们就会习惯性地选择放弃，把期望寄托在下一次选择上，在下一次选择到来时继续重复这种模式，仍旧一事无成。长此以往，我们就会对自己产生怀疑，不再相信自己有能力做好任何事情。

★ 打破恐惧，我们将一往无前

我们现在可以想象一下，假如这个世界上的所有人被恐惧限制，困在原地止步不前，那我们的社会将会是什么样子呢？

如果我们仔细观察世界上优秀的人，无论这些人在哪方面优秀，他们都有一个共同的特点：无所畏惧。只有那些无所畏惧的人，才能有所成就，才能获得成功，因为世界是那些无所畏惧的冒险家的乐园。

世界上的所有事情都存在一定的风险，我们每天吃饭、喝水、睡觉等行为也都存在风险，完全不存在风险的事情是没有的。因此，我们要客观地看待这些风险，而不是用恐惧的心态面对它们。

◈ 我们常常忽略了的事情：享受那些让你快乐的事情

“如果活着不是为了快乐，我们又是为了什么活着？”

——来自朋友的感叹

几年前的年末，我和一位朋友在家里边喝咖啡边聊天，聊着聊着就说起了过去一年的经历。

这位朋友对我说：“很奇怪，仔细想来，我在过去一年高兴的时间，要远少于不高兴的时间。不仅是过去一年，过去几年都是如此，我也不是没有开心的时间，但是开心的时间总是非常短暂，大多数时候我都被焦虑和困惑缠绕，甚至连发自内心的平静都很少。”

我说：“大多数人都是如此啊。”

他说：“如果大多数人都是如此，那么大多数人不都处在痛苦难过中吗？那么我们每天营营役役的目的又是什么呢？如果活着不是为了快乐，我们又是为了什么活着？”

朋友的话让我一愣，因为我从来没有考虑过这个问题。那天之后，我们再无情绪畅谈。

朋友走后，我自己一个人细细琢磨这个问题，突然想到一个著名的定律：巴莱多定律，这个定律的内容是在任何一组东西中，最重要的只占一小部分，约 20%，其他的则占大部分，约 80%，人生大概也是如此。让我们快乐的事情算是重要的事情，所以它只占所有事情的 20%，而让我们不快乐的事情则占到我们人生的 80%。

想到这里，我也开始细细回顾自己过去一年的经历：

在过去的一年时间中，有哪些事情构成了我的平静和快乐？

又有哪些事情构成了我的焦虑、困惑和难过？

当我站在这个角度看待过去一年的经历时，突然有了一种不一样的感觉：这是我在思考自己所做、所经历的事情时，第一次将自己的感受放在最重要的位置。

过去，我在思考事情时，通常将目的放在最重要的位置，例如，

我应该如何做才能提高工作效率？

我应该如何做才能让自己的时间更充裕？

我应该如何做才能让自己更坚强？

……

这种思考方式本身就会带给我一定的压力：我的工作效率还不够高，我的时间还太少，我的性格还不够坚强……这是一种否定自我的态度，通过否定自我的方式强迫自己进步。

为什么以前我从来没有想过什么事情让自己快乐、什么事情让自己痛苦呢？

因为我从小接受的教育告诉我不能骄傲、不能自满，所以我一直用否定自己的方式思考，一直让自己关注那些无法让自己享受和快乐的事情，认为只有这样我们才能进步，并且我想绝大多数人和我一样。

这种方式真的有用吗？这也是一种自欺欺人，因为真正能够让我们获得力量的，绝对是我们的内在动力。我们一厢情愿、苦行僧式的努力和奋斗，有时会不断消耗我们的内在力量，使我们变得痛苦，我们的力量也因此被削弱。

当我们不断强迫自己做该做的事情，而忽视那些使我们愉快的事

情时，我们看起来变强大了，其实我们的内心充满了冲突与内耗。

我们真正需要做的就是分清楚究竟哪些事情让我们感到快乐、给我们带来内在动力，而哪些事情又让我们感到悲伤、让我们的内心充满冲突和内耗。

关于让我们快乐的事情，我总结出以下几种答案。

学习：学习是每个人需要贯穿一生做的事情，它能让我们了解更多的思想观念，从而对人生有更多的理解，对问题有更多的思考。

写作：写作是我一直热衷的一件事情，通过写作，我才能够像现在这样把自己的感悟和体验分享给大家，写作对我来说是一件非常有意义的事情，也是一件让我快乐的事情。

运动：长期以来我一直保持运动的习惯，无论时间多紧张，我都会每周挑出几天来运动。长期在空调房里的很多人已经忘记了汗流浃背的感觉，在都市快节奏的生活中适当运动，刺激多巴胺的分泌，让我感觉良好。

读书：一本好书能够启迪我们的心智。在读书的过程中，也许我们会看到一些颠覆自己世界观的内容，不过我看书时会对内容有自己的思考，我不是将自己当成一个简单的收集者，而是将自己当成一个思考者。

而那些让我感到不愉快的事情，即我自己本身不想做，却“不得不做”的事情，如碍于面子或者为了尽义务去做的事情。

例如，我不想和工作中认识的人有太多的私人交流，但是别人这样做，我也不得不这样做。

常常有一些朋友找我帮忙翻译稿件、寻找资料、做心理咨询等，我常常是“我不想帮忙，但找不到推辞的理由”，只好勉强答应。

这些事情消耗了我的很多精力，但是仔细想想这些事情给我带来了多少效益呢？好像也没有多少。

通过这个简单的测试，我突然发现：那些我不喜欢做的事情，并没有给我带来什么幸福、金钱和回报。反而是我喜欢做的事情，给了我丰厚的回报。那么，这是不是意味着虽然我也许不能像首富那样随心所欲地生活，但是可以多做一些我们喜欢做的事情，少做一些我们不喜欢做的事情呢？而且，我们是不是可以让自己喜欢做的事情产生更多的效益呢？

正是我们热爱的事情给我们带来了更多的快乐，激发出我们最大的动力和热情，也正是我们最喜欢做的事情，使我们每天的生活变得更加精彩。

我们在给予快乐的过程中获得了快乐。

那么，你也不妨在日复一日的忙碌中停下来，仔细思考：过去一年我的得与失，过去一年我喜欢做的事情和不喜欢做的事情分别给我带来了什么？

它一定能使你的观念发生转变。

◈ 活出真正的自己：生活也许很艰难，但是一定要尝试

“当信念和欲望大到可怕的程度时，痛苦就算不得什么了。”

——《127 小时》

我经常会听到“活出真正的自己”，但是当我进一步追问“究竟怎样才算是活出真正的自己”时，大多数人又答不出来。

在我看来，活出真正的自己，就是知道自己想要的是什么，并且勇敢地追求——在这个过程中，任何外界的眼光都无法阻碍我，任何外界的行为都无法动摇我。

活出真正的自己，绝非一件容易的事情。有许许多多的因素阻碍我们，在这些因素中，恐惧是排第一位的。

活出真正的自己，常常意味着追求，意味着改变现状，意味着要面临未知的结果。

每个人对改变的现状和未知的结果都会有一定的恐惧，区别只是有人能够克服这种恐惧，而有人不能。

我也有过非常恐惧的时候，但不会让这些恐惧影响我前行。每当遇到这样的情况时，我就会问自己：“最坏的情况是什么？”

这个问题让我理性分析这件让我恐惧的事情可能带来的最坏的结果是什么。

然后我再问自己：“发生了又能如何？你能不能接受？”

事实上，很多时候我们对一件事情的恐惧只是因为这件事情将会改变现状，让我们走出心理舒适区。但是我们在理性分析之后，就会发现事情最坏的结果并没有那么糟，我们可以接受。

于是我勇敢地对自己说：“即使得到了最坏的结果我也能接受。”之后，我就勇敢地朝着自己想要的事物继续前进，并且不会在前进的道路上畏首畏尾，总担心不好的结果。

只有我们在面对恐惧时理性分析，坦然面对可能发生的坏结果时，我们才能克服恐惧，做一些其他人没有勇气做的事情，我们的人生会变得异常精彩，我们才能勇敢地活出真正的自己。

阻碍我们活出真正自己的第二个重要因素，则是欺骗，我们对自己的欺骗。每个人在一生中都会因为各种各样的原因选择欺骗，但是永远不要欺骗自己，也不要为了自己的利益欺骗他人。欺骗其实并不完全是坏事，生活中有时候也的确需要欺骗的存在，如善意的欺骗。

有一次我出去办事，当天刚下过雨，路上还有很多积水，我看到一位环卫工人正在清理街边的垃圾桶。当我走过环卫工人身边时，由于路滑，环卫工人在往车上装垃圾的时候没有站稳，身体趔趄了一下，手中的清理工具也掉到了地上，溅了我一身雨水。环卫工人赶紧向我道歉，既诚恳又略带紧张地问我的衣服是不是很贵。当时我穿的衣服是一件新衣服，其实是挺贵的，但我对他说："这件衣服没多少钱，回家我洗洗就行了，没事。"

当我们身在他乡，父母打电话问我们过得好不好时，即便非常不如意也会告诉父母自己过得非常好。这么做的原因只是为了让父母不要为自己担心。

上面我说的两个例子都是善意的欺骗，也是为人处世的一种智慧。但是要记住，永远不要欺骗自己。如果我们选择自我欺骗，那就永远无法认清事情的真相，更无法活出自己。

有一个女生到了谈婚论嫁的年龄，父母为她介绍了一个对象。虽然她并不喜欢对方，但是在父母的极力催促下，和对方结了婚。结婚之后，丈夫对她还不错，但是她从没有真正喜欢过自己的丈夫。迫于父母的压力，她开始说服自己，告诉自己丈夫很好，自己是爱丈夫的，只是需要一段时间，于是姑娘相信了自己，就这样，他们共同生活了八年。

此时，两人的家庭生活不算富裕，但还说得过去，孩子也上了小学，但是她这八年从没有真正开心过，虽然她自己不知道为什么。

她不开心的理由很简单，因为她不喜欢丈夫，不想和对方组建家庭，但是为了父母，她欺骗自己，并且相信了这个谎言。然而事实呢？她从没有喜欢过丈夫，只是为了顺从父母才接受了婚姻。她一直在欺骗自己。

我要说的第三个阻碍是打破限制。在大多数人的观念中，一个男人的奋斗目标是有钱、有事业，而女人的奋斗目标是有好的婚姻、成为一个好妻子、成为一个好妈妈。

这些所谓的目标给我们设定了一个囚笼，将我们未来的发展方向限制在一个范围之内。而在囚笼的作用下，我们年少时期的爱好和梦想都成为不务正业，在成长的过程中逐渐被淡忘，取而代之的是我们其实并不喜欢的事情或者工作。

有一部电影叫《遗愿清单》，讲的是两个患癌症的人在得知自己的生命即将到达终点之后，互相感叹一生中有多少梦想没有实现，然后决定在死之前将这些没有实现的梦想一起实现的故事（电影里的两人中有一个是亿万富翁，所以他们的梦想可以很容易实现。但是作为普通人的我们要根据自己的实际情况列清单）。

我们可以想象一下，假如让我们列出自己的遗愿清单，这份清单会有多长呢？电影中的两位主人公最终完成了清单上的事情，但这只是电影，也许在现实中，当知道应该列清单的时候，我们才发现已经为时已晚。

生活也许不能事事都符合我们的心意，但是至少我们应该要尝试，打破囚笼的限制，做那些自己想要做的事情，不要让自己的遗愿清单列得太长，减少自己人生的遗憾，活出真正的自己。

Part3

成为你自己的英雄：从信念到现实

第 10 章
英雄的使命：选择强大，成为强者

◈ 沉浸于故事让我们失去获得幸福的能力

“你不要太沉浸于自己编造的故事中啊！”

——我对“万念俱灰”的朋友说

在电影《盗梦空间》中，有这样一句台词充分说明了意念的可怕：“一颗小小的意念种子，也会生根成形。它可能成就你，也可能毁灭你。”

每个人都想获得幸福，但是大多数人没有获得幸福。因为我们无法肯定现在，我们常常给自己编造一些“我现在很不幸的故事”。生活在这样的故事中，我们自然不可能获得幸福。

我有个多才多艺的朋友。他毕业于名校，去了一家还不错的公司上班，拿着让大多数人都羡慕的薪水，事业上也算是略有小成。但是和其他同校的精英相比，他就有一定的差距了，因此，我的这位朋友一直都非常消沉，认为自己是一个失败者。

然而事实上呢？在旁人看来，我的这个朋友无论从哪个角度看都和“失败者”这个词毫无关系，然而他整日沉浸在自己编造的故事和身份中，认为自己一无是处，从而感到十分痛苦。

每次见面，他都向我诉说他的失意和不安，说自己如何失败。

直到有一天我实在忍无可忍，不客气地对他说：“你不要太沉浸于自己编造的故事中啊！”

很多人都是如此，我们总是对现在的自己不满，总是编造自己如何不幸的故事，从而让我们失去获得幸福的能力。

我们是否能够感受到幸福，很多时候和我们的思想有密切的关系。在我们生活或者工作时，内心中一直都有一个声音在对我们所遇到的人或者事情做出评价，这个声音能够影响我们看待人或者事物的能力。

这个声音很明显不是我们自己发出的，因为只有我们自己才能听到这个声音。而这个声音其实就是我们的思想。

我们从小到大所接触的书籍文章都让我们对所有事情从正面思考。但是实际上，只有一小部分人能够做到这一点，大部分人都会优先从负面思考。

例如，我们的思想会不断提醒我们和他人比较，会不断对我们说：“你看看你有多么糟糕，他人有多么好；你做什么都做不成功，其他人做什么都得心应手；没有人在乎你现在获得的一点成绩，反正这点成绩也不值一提……”

这些声音让我们的情绪坠入谷底，也让我们陷入自己编造的糟糕故事中无法自拔。所以要想感受幸福，首先要学会正面思考。

在现实生活中，我见过有太多的人无法正面思考，他们无法理性地看待自己的一切，不愿意勇敢地追随自己内心的想法，让内心指引我们前行。而只是愿意活在自己的故事中，被自己的故事迷惑，做出错误的选择。这些人的结果大多都是悲哀的，因为他们的人生将会失去很多应有的快乐和幸福。

一名 40 多岁的通信技术工程师从大学毕业之后就从事这一行业，如今已经工作了 20 多年。在多年的工作生涯中，因为工作需要，这名工程师总是隔几年就要到一个完全陌生又落后的国家工作。

最近这名工程师随着项目的完工，在家里待了两个月之后，又将前去另一个国家开展项目，但是他已经厌倦了这种生活，并且家人也不满他常年不在家，所以工程师的心情非常低落，于是找到了心理医生，希望心理医生能够帮助自己缓解压力。

心理医生在了解了这名工程师的情况之后，对他说：“你除了工作之外，还有什么喜欢做的事情吗？”

工程师回答：“我非常喜欢写作，如今正在创作一部长篇小说，现在已经写了不少了。”

心理医生说：“那你为什么不考虑辞去现在的工作直接转行当一名作家呢？这既是你的爱好，又能够满足照顾家人的需求。”

工程师笑了笑说：“虽然我现在正在创作小说，但是纯属业余爱好。你可能不知道现在的小说市场有多么不景气，竞争有多么激烈。像我这样的水平也就是自娱自乐而已。如果真转行当了全职作家，我想肯定连养家都成问题。”

心理医生说：“也许你可以将创作的小说发给我看看，我们下周再讨论这个问题。”

工程师答应了心理医生的要求，回家将自己创作的小说发给了心理医生，在一周之后又来到了诊所。

心理医生再次见到工程师之后对他说：“你的小说写得非常精彩，我已经迫不及待地想知道接下来的内容了。虽然我知道小说市场的竞争非常激烈，但我相信你转行当了职业作家，一定能有不错的前景。”

然而工程师对医生说：“我从来没有系统地学习写作，上大学时学的是理科专业，这些年的工作也和写作没有任何关系。这样的我去做一个专职作家？我想我一定会饿死在家里了。”

虽然心理医生尽自己最大的努力劝说工程师转行，并且说明这是解决他心理问题的最好选择，但是工程师还是拒绝了心理医生的建议，因为他告诉自己：我不可能是一个优秀的作家。

两年之后，心理医生又一次见到了这名工程师，此时这名工程师已经向公司请了长假，因为工作和家庭的矛盾让他患上了严重的抑郁症，已经无法正常工作了，只能请假回国休养。

如果案例中的这位工程师在两年前听从心理医生的建议转行当一名作家，也许会收获另一个结局。

◈ 强大是一种选择

"人的脆弱和坚强超乎自己的想象。有时，我们可能脆弱得因一句话就泪流满面，有时，也发现自己咬着牙走了很长的路。"

——《一生》/ 莫泊桑［法］

在这个世界上，有才华、有能力的人非常多，但是真正能够从人群中脱颖而出、能够被众人敬仰的人非常少。为什么会出现这样的情况？答案是因为他们在困难面前没有选择强大。

面对人生前进道路上的困难，有的人选择成为弱者，他们没有足够的勇气和信心面对困难，所以他们选择逃避困难；有的人则选择成为强者，他们拥有足够的信心和勇气面对困难，他们愿意用尽自己的全力战胜困难，并且通过困难的磨砺，获得更大的力量，从而变得更加强大。

郭婉莹是 20 世纪初上海人尽皆知的永安百货四小姐，她出身名门。由于父亲受到孙中山的邀请到上海发展资本经济，所以她从小就和宋氏家族的孩子一起上学玩耍，和康有为的孙女也是非常要好的朋友。长大之后，郭婉莹嫁给了毕业于清华大学的吴毓骧，而吴毓骧是清代著名大臣林则徐的后代，郭婉莹是一个标准的大家闺秀。

这样一个大家闺秀的生活品质是非常奢华的，事实也是如此。郭婉莹从小就过着锦衣玉食的生活：家具都是福州红木的，银器都是成柜定制的，家里请的厨子是最有名的福州菜大师，而她的业余爱好则是弹钢琴和做冰激凌。

不过郭婉莹的美好生活在50岁那年完全改变了。她的丈夫被关进监狱，死在狱中。郭婉莹虽然活了下来，但是失去了所有，被下放到农村劳动。

郭婉莹住了大半生的豪宅，从小饭来张口衣来伸手，没有干过任何活。而被下放到农村之后，她居住在只有一间不到7平方米的破烂小屋，每天要做一些非常繁重的农活，她的双手因此变形了。

很难想象郭婉莹是如何熬过那段时间的。我想绝大多数人在被这样的落差打击之后都会痛不欲生，然而郭婉莹在回忆那段经历时却说自己并没有太多的痛苦，她选择坦然面对这一切。

郭婉莹下放农村后喜欢吃蒸蛋糕，但是狭小的屋子没有厨房，于是她就在门口楼道中用煤球炉加热，用铝饭盒当锅去做；她喜欢喝茶，但是当时没有精致的茶具，她便用搪瓷茶缸喝茶。

多年之后，有人问她："当时每天从事如此繁重的体力劳动，有什么感觉？"

她只是淡淡地说："劳动可以帮我保持健康。"

晚年的郭婉莹过着普通人的生活，无论是对早年的奢华生活，还是对接受劳动改造时的痛苦经历，她都很少谈起。因为在郭婉莹看来，这些都只是自己人生经历的一部分而已，不值得说。

郭婉莹就是这样一个人，即使从天堂突然坠入地狱，她也从没有绝望，而是选择坦然面对，选择让自己强大。

如果当初郭婉莹没有选择留在国内，她可能永远都不知道自己竟然可以这么坚强，也不会知道原来自己用来做冰激凌、弹钢琴的双手还可以锄地、掰玉米。

也正是因为苦难，让她成为一个强大的人，一个从人群中脱颖而出的被后人敬仰的人。

没有人天生就是强大的，强大都是被苦难造就出来的。面对苦难时，虽然我们会害怕，虽然我们会痛苦，但是依然会迎难而上，此时的我们就选择了强大。

在这个世界上，有些人的人生一直都在征服高峰，他们的一生就是一个奇迹。但实际上没有征服不了的高峰，只有不愿意征服的人。

一个面对苦难选择强大的人是真正有思想的人，他们拥有一颗足够强大的内心。这些人无论面对什么样的人生苦难，内心都是平和的、自信的，也正因如此，在他们的眼中，人生处处都是快乐和幸福。因为他们关注的不只是世俗世界，还有自己的内心世界。

◈ 不再说“想当初”

“于是，奔跑成为一种简单而可贵的姿势，蕴涵着不可摧毁的力量，那就是永远向前的勇气和信念。人生要不断向前，人生便需要奔跑。”

——《罗拉快跑》

2017 年的情人节，我在外地出差。结束了一天的忙碌后，我匆匆赶往饭店，和约好的一位旧友吃饭。

那天晚上我很饿，坐下来不及寒暄，先点了一大堆吃的，单子交给服务员后，我才仔细观察我的这位旧友。只看了一眼，我就吃惊地问：“你怎么了？”

印象中我的这个朋友，一向是意气风发的，从小家境优越的她一直是朋友圈里的小公主，她父母经商，有不小的产业。她大学毕业后在父母的帮助下开始创业，借助互联网的红利，同时有父母的资金支持，她很快就成为周围人眼中的女强人。之后她因为工作原因去了外地，我们就很少联系了。我一直以为她还过着既潇洒又幸福的生活。

但是此时的她非常憔悴，曾经细白粉嫩的小脸变得干燥发黄，头发也失去了以往精心呵护出来的光泽，一身衣服虽然仍然名贵，但因疏于打理而皱皱巴巴的。最重要的是，她的眼神直愣愣的，眼圈发红，显然是刚刚哭过才来的。

火锅上来了，她却无心吃。我坐在她的对面，听她慢慢讲述这两年的经历：原来一年前她的父母投资被骗，一下损失了数千万元，她的公司也因为没有了父母的支持宣告破产。曾经是富家小姐的她一夜之间变得连普通人都不如，她的父母投资时还借了几百万元，如今债主天天要债，甚至将她的父母告上了法庭。

为了帮助家里还清债务，也为了维持生活，她开始四处找工作。然而找工作并不顺利，虽然她曾开过公司，但都是依靠父母的照顾才经营的。如今父母无法帮助她了，单靠她自己只能找到普通的工作，用她的话说：“我从来不知道原来钱这么难赚。”

生活发生巨变之后，她总想找人哭诉，见到我后也不例外。她将自己的遭遇全部告诉了我，然后痛哭。

那天我默默地倾听了很久，下定决心以后一定要多给她打电话。

那天晚上，她对我说得最多的话，就是“我原本可以……”

“我原本可以阻止他们投资的……”

“我原本可以识破那个骗我们的人的……”

“我原本可以早点让他们醒悟的……”

我不知道应该如何安慰她，我过去学到的东西告诉我不要将自己看成受害者，我们需要做的就是对自己负责，当痛苦来临时，我们要做的是打起精神继续前行……但是，当你面对一个伤心哭泣的人时，这些话是说不出口的。

在那之后，我隔三岔五地就会接到她的电话，电话的内容是清一色的懊悔和痛苦。每次我都试图让她面对现状，但是我的安慰永远都于事无补。她要不抱怨现在，要不懊悔过去，诉说她原本可以避免现在的惨剧。

那一段时间，我整个人的情绪很糟糕，一方面，我非常同情她，希望把她从深渊里拉出来；另一方面，她带给了我挫败感。我努力把她从深渊中拉出来，但是她并不愿意。

就这样过了几个月，直到有一天晚上，我对着电话那头哭哭啼啼的她说：“要不，我们暂时不要联系了，等你好一点再打电话给我好吗？”

她停止了抽噎，失望地问我：“现在你也不愿意和我做朋友了吗？”

我说：“当然不是，但是这样下去，对你、对我都没有任何好处。我再继续倾听你有多悲惨，你本来可以如何……对你的现状毫无帮助，也许你会觉得和我说这些，就好像救命稻草一样。但是你要知道，救命稻草始终也只是个念想啊，救命稻草本身是无法救命的。”

我对她说：“真正能救你的，只有你自己。”

她在电话那头沉默了许久，挂断了电话。

我有瞬间的后悔，但是很快告诉自己：这样对她才是最好的。

那之后，她就很少给我打电话了，我也陷入了前所未有的忙碌之中。有时我会给她打电话，电话那头的她总是特别忙，好像也不介意我当时的“落井下石”。

就这样，我们失联了很长一段时间，最近一次，偶然我们又碰到了一块，此时她的状态和之前完全不一样了，整个人也显得年轻许多，她看起来容光焕发。

在我的追问下，她告诉我，在遭遇巨变之后的很长一段时间里，她只要一个人待着就会伤心流泪，哀叹命运的残酷，幻想自己如果当时劝阻父母就好了。那时，她最大的精神支柱就是和我打电话——但是直到那天，我的“冷酷”打醒了她。

一开始，她很生气我这么不仗义，但是保持这种状态一段时间之后，她开始意识到这样的行为是无益于改变现实的。于是，她试着重新生活：看书、学习，按部就班地上班，她学会与痛苦和平共处，并且学会从痛苦中寻找支持自己继续前行的力量。

她对我说：“我终于相信，我们每个人都拥有强大的力量，这些力量就是我们内在的力量。然而自己之前并没有感受到这种力量，也不会使用这种力量。而通过这场人生巨变，我感受到了这种力量。我现在知道了——真正的力量来自自己的内心。”

我很为这位朋友高兴，她已经获得了这种力量，而我走得可能还没有她远。但是，我们也可以像她一样，面对人生的挫折时，唤醒内心的力量。

有人会问：我们要如何唤醒自己内心的力量？

在我看来，唤醒自己内心的力量，首先要做到的就是学会放松、学会放下，这点非常重要。

很多人以为我是一个把每天时间表排得满满当当，恨不得一分钟当两分钟用的人，但实际上并不是。虽然我每天的事情很多，但是我还是有很多时间做自己想做的事情，如锻炼、看书等，即使身体忙碌但心不忙碌。

很多人向往这样的生活节奏，询问我是如何做到的。其实做到这些很简单，对可以解决的事情就抓紧时间去做，对无法解决的事情不要太过纠结，立刻放下去做其他事情，这样就可以了。

当我们放松了，让事情过去了，也就有足够的时间做自己喜欢的事情，将自己从痛苦、烦恼中解放出来。此时，我们的内心彻底放松，同时少了负面情绪的包围，内心的力量也就很容易被我们认识和使用。

但是在现实中，有很多人并不能放松、将事情放下。我们仔细思考就会发现，现实中的我们经常为一些无法解决的事情浪费时间，让自己陷入痛苦之中。如前面提到的那位朋友，在变故刚发生时只要一个人待着就会伤心流泪，感叹命运的残酷，幻想自己当初应该如何做就能改变解决，但这其实并没有太多实际的意义。幸运的是她最终意识到了这一点，选择将事情放下，并且从这种状态中走了出来，释放了自己内心的力量，改变了自己的生活状态。

有时我们仔细想想就会发现人生中充满了不自由，我们的出生、相貌、天赋等都是不自由的，因为我们无法控制，只能被动接受。

不过这种不自由并不一定是坏事，因为也正是有太多的这种不自由，反而让我们在其他地方变得自由起来。因为我们知道自己不需要在那些不自由的地方投入精力，所以会将更多的精力投入那些可控的事情上。此时，我们将感受到不一样的自由，不是因为我们可以掌控什么，而是因为我们不需要掌控太多。

那些困扰我们的并不是事情本身，而是由这些事情产生的负面情绪，这些负面情绪会让我们的身心感到非常疲惫。

也许在生活中，每天有很多事情在等着我们去做，我们可以每天忙碌得不可开交，但是只要我们的心能够不受这些事情产生的负面情绪影响，这些让自己倍感忙碌的事情也就不会对我们有任何影响。此时，我们的内心就如同天空一样，而外界发生的事情则像白云，虽然总会出现，但也迟早会消失。

释放内心的力量，还要允许自己顺流而行。

当我们遇到一件自己讨厌的事情时就会感到愤怒。面对愤怒的情绪，如果我们无法接受它，并且不断责怪自己，那么今后我们产生愤怒情绪的概率将会更高。如果我们能够与愤怒、自责和平共处，心中的负面情绪将会很快消失。

有时，人生就像一条河流，无论我们是否愿意，它都在不停地向前流动。我们需要做的就是顺流而下，让河流带着我们前行，这样我们才能感受到轻松和自在。而在我们不断放松、不断顺流前行的过程中，内心的力量自然就表现出来了。

第 11 章
英雄的武装：意识就是武器，潜意识是核武器

◈ 能够限制你的只有你自己的意识，那是你内心的拒绝

“无名小姐，你知道你的问题在哪里吗？

你自称你有一个自由的灵魂，是一个‘野东西’，却害怕别人把你关在笼子里，其实你已经身在笼子里了，这是你亲手建起来的，不管你在西方还是东方，它都会一直紧随着你，不管你往哪里去，你总受困于自己。”

——《蒂凡尼的早餐》

2016 年，我生了一场不大不小的病。病中疏于保养，病好之后我摄入了很多营养，不出意料地胖了。由于这场病我意识到自己的身

体很差，我需要锻炼。

“我需要锻炼”和“我锻炼”本身还有着不小的距离。有人建议我应该每天抽时间跑步，这才是简单、有效的提高身体素质的方法。我觉得每天工作后太累了，而且我还有一个不锻炼的充分理由，那就是我的身体一直比较弱，如今坐办公室久了，体质更差了，所以我觉得自己根本没有办法通过跑步来锻炼身体。

不过，在我住的小区旁边有一个公园，每天我回家的时候，都会路过这个公园，我常常透过公园的铁栅栏，看到一个围着公园跑步的姑娘。

我知道这个女孩，她和我住在同一栋楼，还曾在电梯里遇到过。

一天，我下班回家。在等电梯的时候碰到了那个天天在公园跑步的姑娘，不过令我震惊的是此时的她正坐在轮椅上，而她腰部以下，只有一条完整的腿，另外一条从大腿开始就什么也没有了。

她注意到我在看她，冲我微笑了下。

虽然此时向对方开口询问不怎么礼貌，但是我实在抑制不住自己的惊讶，开口问那位姑娘：“我每天都看你在旁边的公园跑步，你怎么……”

她回答说：“我有时也能看见你，我因为车祸失去了一条腿，跑步时用的是假肢。”

我听了更加吃惊了：“那你每天跑步，会不会很辛苦？”

姑娘回答：“刚开始是很辛苦啊，假肢接触的地方常常会磨破皮，不过除了这以外也没什么了。”

这时，电梯门开了，那个姑娘坐着轮椅出去了。回到家以后，我沉思了很久：在那之前，我一直认为自己的体质差，但是我毕竟是个健全的人啊！为什么我会一直用体质差为理由阻碍自己？

渐渐地，我也开始和那个姑娘一样在公园里夜跑，有时我们还能碰见。虽然刚开始我跑得非常慢，能跑的距离也非常短，但是我终于发现自己也可以跑步，而且可以跑得很好。这并没有什么困难，只是因为我开始跑了。

莎士比亚说过："本来无望的事，大胆地尝试，往往能成功。"很多事情原本我们可以做到，但是只因为我们的意识认为做不到，所以我们不敢也不愿意尝试，导致本来可以做到的事情最终也没有做到。

有时我们做不到，还没有做任何尝试，就给自己下了定义：我做不到这件事情。然后心安理得地把将事情抛到一边，继续自己从前的生活。于是我们还没有尝试就选择了放弃。

人是非常神奇的一个物种，虽然科技已经探索到了遥远的宇宙深处，但是我们对自身的了解却十分欠缺，尤其是对大脑。很多时候人是无法用常理来判断的，一件事情我们是否能够做到也不是仅靠想象就可以判断的。

如果仅靠想象就告诉自己不行，不再尝试，那么如今的我们可能还生活在原始社会。因为每个发明在出现之前都被人认为是不可能的。但最终我们还是做到了这一切，只因为我们选择了尝试，没有让意识限制自己。

有人总是感觉自己不够优秀，为此非常苦恼。一位朋友对他说："既然你觉得自己不够优秀，为什么不向那些优秀的人学习，成为一个优秀的人呢？在你周围有很多优秀的人。”

这个人回答：“是的，我很早就注意到我周围优秀的人了，我也想成为他们那样，但是太难了。”

朋友说：“你可以先尝试一下，再考虑其他的。”

这个人就按照朋友说的去做了，结果真的做到了，成了一个和之前他向往的人一样优秀的人，这时他才发现原来这件事情并没有想象得那么难。

大多数时候，我们都告诉自己不要盲目自信，因为盲目自信会让我们做出错误的判断，从而造成不必要的损失，所以我们在做出判断之前先要对自己的能力、资源等因素进行理性的分析。

有时我们是需要一些盲目自信的。如果我们在做一件事情之前过于理性，就很可能因为理性忽略自己本来拥有的一些潜力，然后做出错误的判断，用这些错误的判断作为自己不去做的理由。

★ 不要让未来的自己后悔今天的选择

著名主持人蔡康永曾经说过这么一段话：“15 岁觉得游泳难，放弃游泳，18 岁遇到一个你喜欢的人约你去游泳，你只好说‘我不会’。18 岁觉得英文难，放弃英文，28 岁出现一个很棒但要讲英文的工作，你只好说‘我不会’。人生的前期越嫌麻烦，越懒得学，后来就越可能错过让你动心的人和事，错过新风景。”

人生就是如此，我们经常悔恨过去，但是很少想为什么我们当时没有踏出第一步。

无论我们想要做什么事情，最难的往往就是踏出第一步，当我们踏出第一步之后，就会发现事情远远没有我们想象得那样复杂。

在人生道路上，我们每天都在做出选择，虽然大多数选择看上去微不足道，但是这些选择都将对我们未来的人生产生重大的影响。

有时我们在做一件事情之前不需要考虑太多，因为和失败相比，我们被自己的意识限制而不敢去做才是更糟糕的结果。

我的一位朋友刚从学校毕业时，和大多数毕业生的做法一样，他费尽心思地想要找一份稳定的工作，让自己能够安定下来。但实际上他并不想要这样，因为在大学时他就一直想创业，但是他出身农村，父母是地地道道的农民，他在潜意识中总是认为自己并不是个做生意的人，所以毕业后他选择找稳定的工作。

然而在上了一年班之后，他对自己的人生感到困惑。于是问自己："难道自己的后半生都要一直像现在过着朝九晚五的生活？自己能快乐吗？"答案是否定的。最终他意识到真正可怕的不是创业失败，真正可怕的是自己在若干年后回望人生，后悔浑浑噩噩地度过了这么多年。

下定决心之后，这位朋友就开始行动起来，他辞掉了工作，勇敢地迈出了创业的第一步。创业是艰难的，但是并没有最初想象得那么艰难。用他自己的话说："摔倒了就爬起来，爬起来再摔倒，然后继续爬起来。"

仅此而已。

如今这位朋友的公司虽然规模还非常小，只有 20 多人，但是年盈利已达数百万元之多。对于未来，他说："公司的未来发展情况如何都无所谓，这不是最重要的。重要的是我尝试过、努力过、竭尽全力过。"

◈ 摆脱期望和舒适的弹力绳，让愿景指引你的方向

“你不停地和外界的诱惑和阻力做斗争，有没有想过最大的阻力来自你自己呢？”

——关于阻力

最近我的一位好朋友向我抱怨，抱怨的对象不是别人正是她自己，因为她的学习计划再次失败了。之所以我要说“再次”，是因为这次只是她无数次失败的学习计划中最新的一次。

每次在制订计划之前，她都豪言壮语地要彻底改变自己，要不断提升自己，制订详细的学习计划，购买书籍学习。不过这种状态通常持续不了一个星期，就回归了原来的“正常生活”。

我朋友身上出现的这种现象并不是个例，相当一部分人都有过类似的体会。曾经我一度以为造成这种现象的原因很简单，只是因为他们缺少自我约束的能力。但是我在认真思考之后才明白，我们经常无法改变自己，是因为给自己编造了一个自我改变的骗局。

很多时候我们会因为某个原因而突然想改变自己。原因有很多种：也许是因为他人的一句话，也许是因为一部触动我们的电影，也许是因为一次难忘的经历……在这些原因的推动下，我们顿时感觉豪情万丈，然后制订改变自己的计划。

然而，相当一部分人在几天之后豪情退去，改变也就宣告停止，并且每次尝试改变都是如此，无论最初有多么坚定的决心，最终却回到了原点。同时，每次我们在选择放弃的时候，都会给自己找出一个

看似合理而正确的理由：“最近工作比较忙，学习计划过段时间再说吧”“最近身体不在状态，锻炼计划暂时停止吧”。

为什么我们的愿景要改变？从本质上看，愿景改变是因为我们意识到自己还有不足的地方，但是这些自身的不足真可以推动我们改变自己吗？

从每次失败的结果中就可以看出答案——不能。

那我们为什么还要一次次尝试？

因为我们将改变当成了一种安慰剂，来安慰自己：我们尝试改变过。当安慰自我的作用达到之后，豪情也就到了退却的时候，于是我们给自己找到一个合理的理由恢复原先的生活，用“曾经尝试过”聊以慰藉。直到安慰剂的效果逐渐消散，我们再次强烈意识到自身的不足，于是又开始重复上一次的过程。

在这个过程中，我们想要改变是因为发现了自身的不足，发现了不足就要寻找不足的原因，制订相应的改变措施。整个过程其实就是先发现问题，再寻找原因，最后解决问题，这是大多数人都会采用的一种思考方式。

例如，我们发现自己的身体容易感冒，原因是抵抗力弱，所以就需要通过锻炼提高身体的抵抗力，预防感冒。

这个思维逻辑看起来非常合理也非常正确，我们改变的力量就源于想要提高自身免疫力的愿望，这个愿望促使我们采取行动。不过物理学告诉我们力的作用永远是相互的，也就是说，当愿望促使我们采取行动的同时，一定还会有一个反作用力在阻止我们改变，而这个反作用力就是懒惰等。

★ 小心那个来回摆动的弹力绳

我们可以想象这样一个情景。

我们站在两根柱子之间，这两根柱子上各绑了一根弹力绳，而弹力绳的另一端绑在中间的我们身上。此时，我们可以将向左边的柱子移动的过程想象成改变自己的过程，向右边移动的过程则是我们堕落放纵的过程。同时，在我们左右移动的时候弹力绳分别会对我们产生两个方向截然不同的力，拉动我们向左移动的力就是期望，而拉动我们向右移动的力则是舒适。

当我们意识到自身存在不足需要改变的时候，就会努力向左边柱子前进，但是随着改变进程变大，代表期望的弹力绳对我们产生的力越来越弱，而代表舒适的弹力绳对我们产生的力则越来越强。所以我们在改变的过程中每前进一步都需要付出比上一步更大的力量。

如果我们在这个过程中突然放弃努力，代表舒适的弹力绳就会以极大的力量快速将我们拉回右边的区域，也就是让我们感到舒适的区域，此时的我们在不断地放纵自己。

不过在我们向右移动不断放纵自己的时候，代表舒适的弹力绳对我们的作用则在不断减弱，代表期望的弹力绳把我们向左拉的力量则不断加强，在这种情况下，当我们放纵到一定程度之后，就又会在代表期望的弹力绳的作用下，开始了向左移动的过程。

在一个斜坡上放上球，它会朝着斜坡下方滚去，因为向下的阻力最小。

而我们在生活中因为一些事情感到不舒服时，就会采取行动改变这些事情，减少我们不舒服的感觉。当这个目的实现之后，我们也就不会再继续行动，直到下一次出现让我们不舒服的事情，我们将会再次采取行动，就像前面我所说的在两根柱子间来回摆动。因为我们也想要向阻力最小的方向运动，什么都不做对我们来说就是阻力最小的事情。

实际上当我们处于这种状态时，看上去一直都在行动，但其实根本没有行动，一切都是弹力绳的结果，我们只是任由弹力绳摆布，所谓的行动也是重复性行动，没有任何实际意义。

这其实是一个循环的过程，我们期望自己能和代表舒适的两根弹力绳一样来回摆动，周而复始。

唯一让我们真正展开行动的就是来自外界的压力。每个人都感受过这种外界压力，最典型的例子是那些总是将问题留到最后一刻的有拖延症的人群。

有拖延症的人面对一项工作时，最开始他们不会做，此时他们处于舒适的状态，不会采取行动。但是随着工作要求完成的时间越来越临近，就此产生的外界压力不断增加，直到无法忍受的时候，那些患有拖延症的人才开始工作。

来回摆动还存在另一种结果，就是我们不愿意忍受弹力绳巨大的拉力，从而降低预期的目标，也就是缩短两根柱子之间的距离。当然，这种做法唯一的效果就是降低目标，但是我们依然还会在距离较近的两根柱子间来回摆动，直到最后我们将两根柱子合为一根柱子，即我们不再追求改变和约束，完全随心所欲。不过，处于这种状态的人通常得不到自己想要的结果。

有些事情是我们无法逃避的，如我们可能无法让两根柱子合为一根柱子。就像拖延症患者一样，无论多么不想做一件事情，但是都有外界的压力强行让他们去完成。我们从这种方式中学会了人为地给自己增加压力，迫使自己必须采取行动。

几乎每个人都曾经历过这种状态，上学时很多人不喜欢写作业，但每天还是会写。因为不写作业会受到惩罚，并且还会被老师告知家长，而家长在知道这件事情后同样会训斥或者惩罚我们。因此，即使我们不愿意，也会在老师和父母的双重压力下完成作业。

同时我们也学会了这种方式，具体表现为在做一件事情之前提前设想无法完成的后果，并且通常会提高这种后果的严重性，以此给自己施加压力，强迫自己完成这件事情。不过随着这种方式使用次数的增多，我们会对压力产生一定的耐受性，每次采取这种方式强迫自己行动时，我们都要施加更大的压力。长期如此，我们会习惯使用这种类似于恐吓的方式，并且如果不使用这种方式我们将不愿意行动。

很明显这并不是一种好方法，而是一种恶性循环，但我们无法走出这个循环，感觉有些无力。

那究竟该如何去做呢？很简单，改变“恐吓”驱动，使用愿景驱动行为。也许有人会认为愿景驱动和之前提到的期望一样，实际上两者并不一样，并且有很大的差异。

在“来回摆动”的模式中，我们一直都没有任何行动，只是受到弹力绳的牵引。所谓的“期望”也只是在弹力绳的作用下，我们为自己毫无实质作用的行为找到了一个合理的理由。而愿景则让我们脱离了弹力绳的作用范围，让我们真正主导自己的人生，从而实现人生愿望。

想要找到一个真正能够改变自己的愿景，首先要做的是认真思考自己究竟想做什么？想得到什么结果？这两个问题的答案必须是清晰、明确和可行的，而不是如“下个月之前我要提高自己的英语水平”之类的“目标”，这类“目标”就是我们为自己的行为找到的合理理由，导致我们原地踏步。

当我们为了一个自认为至高无上的愿景奋斗的时候，这时愿景就成为一种发自内心、无比强大的力量，这股力量将帮助我们摆脱弹力绳的束缚，快速奔向远方。

◈ 扭转当下困境，盘旋上升才是勇攀高峰的唯一路线

“恒星已经闪烁了很久，但它们的光芒还没有照到我们。这就是说还有希望。”

——《冷记忆》/ 让 · 波德里亚［法］

1988 年，有一个叫 Sean Swarner 的美国人，年仅 13 岁的 Sean 突然感觉身体不舒服，父母带他去医院检查，医生告诉 Sean 的父母 Sean 得了霍奇金淋巴瘤，并且已经到了晚期。医生对此非常不乐观，判断 Sean 最多只能再活 3 个月。

当时年纪还小的 Sean 并不知道这种病到底是什么，他只是感觉自己的身体越来越不舒服，并且因为治疗的副作用，Sean 像吹气球一样胖了起来。

不过幸运的是，Sean 并没有像医生说的只能活 3 个月，而是在 20 个月之后开始好转了。然而就在大家都庆幸 Sean 病情即将康复的时候，Sean 再次感觉身体不舒服，这次的检查结果是他患上了尤文氏肉瘤，此时的 Sean 还不到 16 岁。

肉瘤长在 Sean 的肺部，医生给 Sean 做了手术，但是手术效果并不理想。医生再次告诉 Sean 的父母一个数字：14 天。也就是说，医生认为他只能再活 14 天。

此时的 Sean 已经接近成年了，他明白医生说的数字意味着什么，同时也明白无论病症是否能治好，他都将会遭受巨大的痛苦。有的医生甚至建议他不再进行治疗，因为 Sean 很可能经历了无比痛苦的治疗之后，依然会在 14 天之后死去。

Sean 并不同意医生的这个建议，已经经历过一次癌症的他知道治疗带来的副作用有多痛苦，但是他依然愿意尝试，因为 Sean 认为自己的人生才刚刚开始，不应该就此放弃。于是痛苦的治疗开始了。

经过治疗，14 天之后，虽然 Sean 的病情还是非常严重，但是他没有死。在之后的 1 年时间里，Sean 几乎都在病床上躺着，并且大多数时间处于昏迷状态，频繁进行放疗或化疗。

众所周知，无论是放疗还是化疗都对身体有着极大的损害，因为它们在杀死癌细胞的时候还会杀死身体的正常细胞，很多癌症患者进行化疗反而加速了他们的死亡。然而幸运女神再次眷顾了 Sean。放疗和化疗的效果非常好，它们在杀死癌细胞的同时，并没有对 Sean 造成太大的伤害，Sean 再一次恢复了健康。

出院之后的 Sean 上了高中，之后又考上了大学，和正常人一样顺利毕业。在毕业之后，Sean 做出了一个和大多数人不同的选择，他选择成为一位职业登山者，因为这是他童年的梦想。

很多人劝 Sean 不要这么做，因为他虽然两次都战胜了癌症，但他的身体仍比较虚弱，显然，登山这种活动并不适合 Sean，但是两次和死神擦肩而过的经历让 Sean 对人生有了不一样的看法。Sean 从不认为自己和其他人有什么不一样，在他看来，得了两次癌症只不过是自己人生中的小插曲罢了，最多只是放缓了自己前进的脚步，只要自己还活着，就没有什么能够阻止自己前进的步伐。

在 Sean 的坚持下，他成了一位登山者，并且还将自己第一个登山的目标设定为珠穆朗玛峰。要知道 Sean 只有一个肺，想要只靠一个肺登上珠穆朗玛峰似乎是天方夜谭，Sean 的决定再次遭到所有人的反对。不过 Sean 依然非常坚定，他说服反对他的人，并开始参加登山培训。

经过长时间的训练，1998 年，23 岁的 Sean 来到了珠穆朗玛峰的脚下，和朋友一起登山，最终 Sean 成功地登上了珠峰，成为第一个只有一个肺就登上珠峰的人，同时也成为第一个登上珠峰的癌症患者。

在登上珠峰之后的 19 年时间里，Sean 继续自己的登山事业，最后他将七大洲的最高峰都登了一遍，并且还去过南极点。如今，Sean 又准备去北极点，Sean 还建立了一个公益组织，这个组织致力于免费带那些患有癌症又想要登山的年轻人完成自己的梦想，让他们明白癌症不过是人生中的小插曲，只要拥有梦想，就没有什么能够阻止自己前进。

如今，Sean 已经成为标杆性人物，无数名癌症患者在他的帮助下重新拥有了对生活的希望。每年都有上千万人患上癌症，在痛苦和绝望中死亡。很多时候杀死他们的并不是癌症本身，也不是治疗癌症时产生的各种副作用，而是他们的绝望。

很多时候，我们并不是一直向前的。有时会认为自己的人生已经坠入谷底，即使是最乐观的人也会认为此时的自己是停滞不前的。但是事实上，我们的人生像一座盘山公路，山顶是我们的目标，我们并不是每时每刻都在上升，有时甚至因为地形问题还会下降一段时间。但是只要我们勇敢面对，我们就可以超越逆境，实现人生的盘旋上升。

★ 逆境商数 AQ

如今大多数人都了解智商（Intelligence Quotient，IQ）和情商（Emotional Quotient，EQ）这两个概念，但实际上除了 IQ、EQ 之外还有一个类似的概念——逆境商数（Adversity Quotient，AQ），通常我们将它们三个并称为 3Q。

逆境商数（AQ）指的是我们在遇到逆境时的处理能力，换一种较为通俗的说法就是我们对挫折的承受能力。

一个人的 AQ 越高，面对逆境时就越乐观，会积极采取行动和逆境抗争。相对应地，一个人的 AQ 越低，面对逆境时就越悲观，对逆境感觉越沮丧，从而选择逃避或者自暴自弃。

案例中的 Sean 很明显就是一个 AQ 非常高的人。两次癌症都没有击垮他，即使在得知自己只能活 14 天的时候他依然没有失去希望，还是选择与病魔抗争。Sean 的抗争起了效果，他成功地战胜了病魔。

在本书中，我多次提到人生不可能是一帆风顺的，借用国外一位作家的话来说就是“没有不痛苦的人生，人生苦难重重”。但是我们始终要记得任何苦难和逆境都是有期限的，也许在这个期限内，我们会感到无尽的痛苦，但是它不能妨碍我们前行。除了努力抗争之外，时间也是良药，任何苦难和逆境会随着时间的推移而消失，我们的人生始终在盘旋上升。

第 12 章
逆转魔力之旅：定制蜕变数据

◎ 第 1 步　测试胸怀：目标使你获得人生动能

“如果不遍历世界，我们就不知道什么是我们精神和情感的寄托；我们一旦遍历了世界，却发现我们再也无法回到那美好的地方。当我们开始寻求，我们就已经失去，而我们不开始寻求，我们根本无法知道自己身边的一切是如此可贵。”

——《小王子》/ 安东尼 · 德 · 圣 · 埃克苏佩里［法］

只有具备了合适的目标，你的人生才获得动能。就像每个刚学会走路的婴孩，也会踮起脚尖伸手触摸高处的玩具。你的目标不宜过于远大，只需踮起脚尖就能够到。

每个人的人生都需要一个目标，但是大多数人不知道为什么人生需要目标。

从某种角度来看，我们所有人的最终目标都是一致的：就是用自己可用的有限金钱尽可能让自己的人生幸福感最大化。这里的幸福感可以来自任何地方，只要它能让我们感到幸福。道理总是十分简单，实践却总是很困难。很多人都认为这是一件难以做到的事情，因为我们不知道应该如何做。实际上这个问题的最难之处在于怎样使我们的幸福感实现最大化。这是一个非常复杂的问题，在解出答案之前，至少要做几千次、几万次的正确选择，而我们却指望用现有的思维解决它，这是一件非常可笑的事情。

因为我们需要知道，思维是有极限的。有时面对一个问题我们费尽心思思考，但是最终没有答案。最简单的例子就是我们可以很容易地用思维来计算个位数的加减法，但是如果让我们用思维来计算十位数的加减法就很难了，很多时候，我们的思维能力还会被自己的欲望代替。

例如，我们正在看电视剧，结果发现到了学习时间，这时我们就会思考一个问题：我是否该去学习？得到答案：学习需要集中精力，我现在有些疲惫，需要看电视剧休息会儿，才能保证之后的学习更有效率。表面上看是我们的思维对问题给出了答案，实际并不是。真正给出问题答案的是我们的欲望，然后用思维的名义告诉自己继续看电视剧是正确的。而在这一切发生过之后，我们回过头再看整件事情，才会发现自己当时其实是用“欲望”代替“思维”做出了选择，而且看电视剧并没有让我们产生任何幸福感。

任何一个人都不想让自己的生活完全被欲望控制，所以我们需要人生目标。

有了人生目标后，欲望就无法再代替思维为我们做出选择，人生目标让问题的思考过程变得简单了许多。

例如，有人的人生目标是“成为一名大学教授”，那么思考自己应该继续看电视剧还是去学习时，只用考虑看电视剧和学习哪个有助于自己成为大学教授，显然学习更有助于实现成为大学教授的目标，所以应该放弃看电视剧去学习。这才是思维选择的结果。

这也就是为什么很多心中有明确目标的人，每天都将自己的时间表排得非常满，丝毫不会浪费时间的原因。

人生目标就是人生动能。请你回顾自己的人生，哪些事情让你非常开心？哪些事情让你获得成就感……分析之后，就可以知道自己的兴趣究竟在哪里。

最后我们还需要思考价值观。价值观本身是一个较为复杂的概念，但是我们要将其简单化，就是将一些自己认为重要的东西分出先后排序，根据这些东西的顺序确定自己想要的生活。

★ 学会区分欲望与真正的目标

人生中有几个关键词，也许我们一直没有明白过，其中就包括“欲望”。和人生目标一样，欲望同样能够给我们带来动能，同样能驱使我们不断向前奔跑。

现实生活有很多真实存在的东西无时无刻不吸引着我们，如金钱、房子、工作等，我们愿意为了这些付出与努力，无论代价是什么。可能我们愿意为之付出的东西不受主流社会的认可，也许我们拼命想要获得的东西是他人不屑一顾的，但是在我们心中，这些就是自己想要的一切。

我们每个人都有过这样的体会，每个人都有为了自己想要的东西付出努力的经历，即使想要的东西是一个游戏里的道具，我们也曾经为之熬夜付出过。

有时我们跑得很快，却不知道自己跑步的方向是否正确。

在这个世界上，大多数人都在为了满足自己的欲望不断努力，希望通过实现欲望获得满足感，从而提升自己的幸福感。这就是因为我们用当前的标准想象未来的感受。实际上，获得幸福感不需要更多的金钱，不需要更大的房子，也不需要更好的工作，因为它们能给我们带来的幸福感是有限的。

大多数人抱着这样的想法：我现在得不到某样东西，但只要今后足够努力，就一定可以得到。而最终得到它的时候，我一定会很快乐。

由于有这样的想法，所以我们会对现在下结论：我们之所以不快乐，是因为没有过上想要的生活。

但真的是这样吗？

你真的知道自己真正想要的生活是什么样的吗？

我曾梳理过自己曾经知道的、认识的、了解的出类拔萃的同龄人，以及那些人生经历远超他人的一些年长的前辈，和那些已经堪称功成名就的“传说级人物”，他们都以自己的经历告诉我一件事：外界的名声和利益，无论是常青藤大学的毕业证、年收入百万元的工作、奢华的房子、昂贵的跑车……这些都无法真正满足一个人，人类对欲望的追求是永无止境的。

同时，无论我们通过何种方式获得这些东西，它们也都无法给我们带来更多的幸福感。

我们可以想象一下：假如自己是一个刚从学校毕业的学生，还没有工作，只能居住在阴暗潮湿的地下室里，此时想的是住进一个宽敞、可以晒到太阳的房子就满足了。两年以后，有了工作，有了收入，离开了地下室，搬入了可以晒到太阳的一居室楼房中，此时会有满足感吗？不会，此时的愿望变成了能够拥有一所属于自己的房子。十几年之后，通过努力有了一所属于自己的豪宅，就能够满足了吗？依然不会。因为这时曾经的愿望又被其他愿望代替。

时间不断前进，我们的想法和观念也在不断进步。然而有时我们会以当下的标准衡量今后的满足感，但误以为自己的方向是正确的，此时我们很容易在前进的方向上出现偏差。

人对幸福感的需求是比较奇特的。假如一样东西能给我们带来幸福感，当我们获得第一个东西时就会产生非常强的幸福感，我们获得第二个东西时也会获得幸福感，然而获得的数量和幸福感程度却不是正比。数量增多不代表幸福感程度会不断提高，甚至还可能会略微下降，也就是说，一样东西给我们能够带来的幸福感是有限的。

这个理论适用于各个方面。贫穷时，金钱可以给我们带来幸福感，从没有收入到赚到了1000元，幸福感油然而生，然而从赚到1000万元到赚到2000万元，两者带来的幸福感是差不多的。我们回过头来看，欲望是很难满足的，每当我们满足一个欲望，就会出现新的欲望。

欲望和目标其实是两种完全不一样的东西，但是我们经常将欲望当成目标。

当我们有一个简单、直指人心的人生目标之后，就会发现在回答一些选择题时非常容易，可以轻而易举地就做出正确的选择。当然，这里所说的人生目标并不是我们的欲望，而是将那些“伪装的人生需求”排除在外，内心最想获得的、真正需要的东西。

而在实现这样一个目标的过程中，只要我们一直朝着正确的方向前进，幸福感就会时刻伴随我们，并且随着不断接近的目标，最终实现幸福感的最大化。

◈ 第 2 步　测试心力：所有的行动根植于梦想

“噪鹊从来不会自己筑巢，它们总是在别人的巢里下蛋。要孵蛋的时候它们会怎么办？它们会把其他的蛋从巢里挤出去。它们的生命就是从谋杀开始，这就是大自然——竞争或死亡。你们也和噪鹊一样。生活就是赛跑，你跑得不快，就被别人踩倒。”

——《三傻大闹宝莱坞》

没有规律，没有规矩，时间分配不合理，是毁人生的大事。你把时间用在哪里，就会在哪里有收获。去年的计划，昨天的人生，今年的执行，今天的当下，明年的收成，明天的希望。

然而我曾经不止一次听过这样的一句话：“你说得有道理，我也非常明白，但总是做不到，所以还是算了吧。”

是的，很多道理是非常简单的，我们听后马上就会明白，但是一想到实际操作就感觉困难重重，说服自己放弃。

从表面上看，这是我们对自己的执行力没有信心，但真相并非如此。自律能给我们带来真正的自由，每个人都说自己非常向往这种自由。但事实是，也许我们确实向往这种自由，不过我们对这种自由的渴望却远远没有想象得那样强烈，因为和这种“陌生”的自由相比，“熟悉”的随心所欲更是我们喜爱的。

很多人都更加喜欢自己“熟悉”的模式，而不是那些听起来非常向往，但是十分“陌生”的模式。

例如，“新开了一家饭店看起来很不错，不过我还是喜欢经常去的那家餐厅，因为品质和服务有保障”“那些背着一把吉他流浪的街头歌手看起来真酷啊，但是我还是老老实实过自己的生活就好了，谁知道过那种生活会出现什么样的意外情况”……还包括之前我提到的那句话：“你说得有道理，我也非常明白，但总是做不到，所以还是算了吧。”

这些其实都是我们的恐惧在起作用：也许陌生的模式看起来不错，不过和自己熟悉的模式相比，我还是愿意在熟悉的模式中。面对这种思维上的障碍，唯一的解决方法就是放下对陌生的畏惧。

我们追求某种东西时总有各种各样的因素影响我们前进，恐惧陌生就是其中的一个因素。但是我们要明白，这些影响我们前进的因素并不是在阻止我们前进，它们只是为了让我们知道自己对追求的东西究竟有多么渴望，同时将那些渴望不够强烈的人排除在外。

如果我们真正渴望追求自由，真正想要获得自律，那么没有什么因素能够阻挡我们。

◈ 第 3 步　测试定力：有定力才能寸步不移

“也许人来到这个世界都有一种使命感，生命和情感都有自己的归属，于是就一定会放弃，即使不舍。生命只是一个过程，最大限度地遵从自己的内心也是一种活法。”

——《碧海蓝天》

只有坚定不移的定力才能成就梦想。要保持自我的定力，才能在实现梦想的过程中不偏离轨道。但是，在我们追求人生梦想的过程中，有两种力量会使我们的定力发生动摇。

第一个力量来自别人，即嫉妒和比较。这就好像我们在爬山的过程中，我们无可避免地会看到别人，会和别人比较，如果别人不如我们，我们会骄傲，如果别人超过我们，我们会嫉妒。嫉妒和比较，往往会使我们偏离既定路线。

第二个力量来自自己，缺乏自律时，我们就会停止，甚至在爬山的过程中后退。

★ 消除第一种力量：把嫉妒和比较换成观察和倾听

嫉妒和比较是两种非常容易出现的现象，它们总会让我们产生负面情绪，并且让我们深陷其中无法自拔。

几乎每个人都曾体会过嫉妒的感觉，这也是一种常见现象，虽然常见，但我们对嫉妒并不十分了解。举个例子，我们很容易嫉妒身边的人，但是很少有人嫉妒英国的威廉王子，虽然王子出身高贵、非常富有，是英国王位的第二继承人，但是我们不会嫉妒他，因为他们离我们太远了。我们只会羡慕他，当有他的新闻时，我们会关注他。

我们不会嫉妒离我们太远的人，我们嫉妒的都是我们认为离自己很近的人。我们做不到的事情别人做到了，我们得不到的东西别人得到了……

我们身边的那个人遇到好事情时候，嫉妒就在我们心中生根发芽，并且不断影响我们，让我们在潜意识中总是贬低对方，或者期盼对方发生不好的事情。这是一种非常普遍的情绪反应，几乎每个人都有过类似的体验。

其实当我们心中产生嫉妒的情绪之后，我们不妨将嫉妒的对象当成离我们非常遥远的人物，这时就能抛开心中的嫉妒情绪，重新看待对方。不过这种心理的转变不是短时间内就可以完成的，需要我们有足够的耐心，慢慢让自己接受和适应。

对于比较，我们更不陌生。很多人从小就被比较，一个最为常见的比较就是父母对我们说谁谁家的孩子怎么样，你又怎么样。

在这样的成长环境下，我们养成了比较的习惯。所以在我们成年之后，即使没有人拿我们做比较，我们也会和那些年龄相仿的人比较，我们会和如今年薪几十万元的同学比较，我们会和常出国旅游的朋友相比。如果我们将目光再扩大一些，会发现在这个世界上有更多和我们年龄相仿的年轻人拥有远超过我们的成就。

实际上我们不需要和他们比较，这个世界除了这些人之外，还有很多有意思的事情正在发生。当我们发现这个世界的广阔之后，就会发现和那些“同龄人”其实并没有什么好比较的——因为这个世界太大了。

嫉妒和比较让我们的生活不快乐，所以我们不需要它们的存在。但这并不意味着我们完全不了解周围的人，我们需要做的是观察和倾听他们，再对看到的和听到的进行思考，让我们的大脑有足够的时间处理这些信息。在我们完全处理这些信息之前，不要发表看法，不要得出结论。我们质疑这些信息，可以不断推翻现有的想法，然后思考更多的可能性。这一切都需要我们的大脑思考，不受他人和环境的影响。要明白，我们在这个世界上是独特的存在，没有人和我们一样。

★ 消除第二种力量：自律让我们成为自我的主宰

曾经有一段时间，我认为随心所欲的生活，是衡量幸福的一个重要标准。当我把这个观点告诉其他人之后，有个朋友对我说："随心所欲并不能带来幸福，自律的生活才能给我们带来幸福。"

当时我对此还不是很理解，于是我在一个难得的假期中，试着开始一段"随心所欲的生活"。

在那个不算短暂的假期中，我想睡就睡，想吃就吃，想玩就玩。一开始我只是睡到日上三竿才起，后来我甚至开始昼夜颠倒地生活。

在一段时间的昼夜颠倒之后，我的生物钟紊乱了，随之而来的就是失眠、焦虑；因为无法很好地安排自己的时间，总是将需要完成的工作拖到最后一刻才完成，这就导致原本可以做得完美的工作最后只能草草了事，引起不必要的麻烦。

重要的是，我发现随心所欲给我的生活带来的全面失控太可怕了。

随心所欲的生活其实代表着不自律，而自律的存在对我们的生活是有积极意义的，每个不自律的行为最终都会带来痛苦。

不自律其实就是一种不懂得延迟满足感的行为，当我以“人生短暂，及时行乐”宽慰自己的时候，每放纵自己一次，最后都会让我为此付出数倍的代价。

那些有所成就的人并不一定在天赋或者才能上远超普通人，但是他们都非常自律，过着有条不紊的生活。

也许有人认为这样的生活确实对我们有好处，但让我们失去了自由。事实并非如此。缺乏自律的自由并不是真正的自由，它只会让我们成为欲望的奴隶。只有自律才能让我们真正获得自由。

因为缺少自律而随心所欲地生活，其本质就是让我们服从于欲望，躲避痛苦。我们看上去在主宰自己的生活，但其实是由欲望在主宰我们的生活，这样的生活不可能是自由的。所以我希望每位正在读这本书的人都可以成为一个自律者。

◈ 属于符合梦想之力的完美组合

“在追求梦想的过程中，时间是唯一真实的货币。”

——我的领悟

通过时间这种货币，我们可以换取世界上的任何一件东西，其中包括金钱、幸福，还包括那些超越金钱、让我们的人生更加有意义的东西。

不同种类的货币，其汇率各不相同，购买力也有很大的差异，时间这种货币也是如此。有的人可以使用很少的时间货币就能换取大量的金钱和幸福，而有的人使用大量的时间货币却只能换取少量的金钱和幸福，这就是时间货币汇率的差异。但是只要我们拥有时间货币，并且愿意拿时间货币换取东西，无论换取的数量有多少，我们都可以得到。

当然，时间货币对每个人都是有限的，也是公平的，只是汇率的差异让我们换东西的数量有所差异。所以我们在追求梦想时，必须确定自己应该用时间货币换取什么东西。也许我们在思考这个问题时会想：自己的人生旅途还很长，时间货币还有很多，不需要急在一时，可以放到以后再换取。

而我想说的是，时间这种货币，总是在悄然之间就慢慢地流逝了，就像我们刷信用卡买东西一样，总是到了账单日才发现原来自己花了这么多钱。我们每个人都无法预知自己的时间货币究竟还剩多少，所以请慎重考虑自己的选择。

★ 读过很多道理，却依然过不好这一生

只有经历才能把“道理”变成“意识”。

去体验不同的经历吧！

在游戏中我们需要做任务、打怪才能获得经验，才能升级，提高自己各方面的能力。做任务和打怪都是一种经历，也就是说，经验必须用经历来换取。人生其实也是如此，我们可以将自己的人生想象成一个游戏，在游戏中我们需要不断经历各种事情，积累自己的经验，以此提升自己的能力。

我们希望通过阅读各种名人传记和励志故事了解道理，期望在自己身上应用，从而获得成功。虽然我们已经将道理铭记于心，但是自己的生活总是没有任何变化。就像电影中的台词："从小听了很多大道理，可依旧过不好我的生活。"为什么？因为只有经历才能把"道理"变成"意识"，有了"意识"我们才能有所行动，有所改变，从他人那里"拿来"的道理是无法改变我们的。

每个人都希望过上幸福的生活，也都知道过上幸福的生活需要努力拼搏，然而不愿意努力拼搏的人却大有人在。他们不想要幸福的生活吗？不是。因为他们只知道道理，却没有实践。

在我们的人生中，影响我们下一个选择的只有我们已经拥有的那些经历，而不是知道的道理。我们需要做的就是去体验生活。我们认识的每个人、遇到的每件事都是经历，这些经历可以帮助我们认识过去那些只是知道，却从没有起过作用的道理。它会帮助我们认识这个我们一直看到，但是从没有真正理解过的世界。

不过，我们的时间、金钱和精力都是有限的，所以要牢记一点：不要重复同样的经历，因为我们不会从两次完全一样的经历中获得更多的东西，而且这个世界上有太多有意思的事情等着我们体验和经历。

★ 运行你的自己的程序

我们每个人都像一台电脑，每天处于高速运行中，电脑越新，运行速度越快。不断给我们这台新电脑输入各种程序，让自己按照程序运行。于是我们在这些程序的作用下上幼儿园、上小学、上中学、上高中……我们一直都在不停运行，无法停下来。

人的一生需要始终保持运行，但并不是要一直运行他人给我们写入的程序，我们需要运行自己的程序。但是在过去的人生中，我们只会执行程序，从没有学习过如何编写程序。

当我们下定决心运行自己的程序时，首先我们需要做的就是停止运行他人的程序，并开始摸索编出一套适合自己的程序。在这段时间，我们可能会受到周围人的非议和嘲笑。

这是一个既漫长又痛苦的过程，没有人教过我们应该怎么做，一切都只能依靠自己，这也是为什么大多数人在机械运行他人程序的原因。

如果我们找到了人生目标，明确了自己真正想要的东西，那就不要犹豫，勇敢地追求。

也许此时的我们并不被认同，但是请记得一定要坚持。

如果我们在不认同的目光中坚持了下来，接下来，我们就会经历自己学习编写程序的过程。这个过程是非常漫长的，同时也是非常痛苦的，甚至在学习的过程中，我们可能数度想要放弃。

但我想说的是，如果我们一直坚持下去，总有一天，当我们回顾这段痛苦的经历时，我们会倍感庆幸，庆幸当时没有放弃。

后 记

今天我完成了人生的第一本书。水瓶座的我，能够心如止水地敲击键盘，书写与生活、与专业毫无关联的文章，我想这是我持续学习、不断进步的结果。

如果你看到我，也想成为作者，不要犹豫，请立刻打开电脑，新建 Word 文档，给文件起一个好听的名字，开始你的创作之旅。

把写作当成治愈，真的是一件最靠谱的事情。面对种种压力，你只能一个人承受，此时你可以写出来。在这个过程中，你会更加了解自己的心理历程和心理特征。一方面，把自己的想法和心理斗争写出来的过程，不用迎合或取悦任何人，也不用向任何人解释。所以，你可以还原事情的本来面目，还原当事人的情况，你会发现除去偏见和情绪后，找到的真相。另一方面，把恐惧和悲伤写下来能治疗情绪，你不用强制自己定期记录心情，你需要的只不过是找一个安静的地方，花一点时间，以及能够维持这一习惯的心理投入。

下面这些建议将把写作变得更加简单、有效，希望对大家有所帮助，我真心希望写作路上多一位志同道合的朋友。

I.选择一种对你来说舒适的媒介来书写。打字、手写或涂鸦、画画，非语言的方式表达自我也是可以的。

II.选择一个主题培养习惯，任何让你冲动的事件都是值得纪念的，通过书写可以记录情绪、思考和意义。

III.不要只写感情和情绪，还要写想法和意义，与自己谈话。这是治疗性写作的一个目的，获得洞见、成长和变化。

IV.坚持每周写几页。不要保留任何有助于你不再受创伤困扰的细节。尝试不同的形式，如情书、各种有理有据的吐槽等。

V.坚持。只记录不快乐会让你更加痛苦，你应该把快乐的时光也写下来。

VI.写作不只是为了成为一位作家，还帮助我们疏解压力、治愈创伤、记录美好。目标、规则、作业、任务皆由自己掌握，不必担心截止日期，放松地写下去，总会收获自己想要的美好。